Marketing y cosmética

Estrategias persuasivas e *influencers* creativos para el nuevo consumidor

Madrid, 2025

Mencía de Garcillán López-Rúa

Marketing y cosmética

Estrategias persuasivas e *influencers* creativos para el nuevo consumidor

3.ª edición

Primera edición: agosto, 2005
Segunda edición: febrero, 2007
Tercera edición: febrero, 2025

Marketing y cosmética: Estrategias persuasivas e influencers *creativos para el nuevo consumidor*
Mencía de Garcillán López-Rúa

© 2025, ESIC Editorial
Avda. de Valdenigriales, s/n
28223 Pozuelo de Alarcón (Madrid)
Tel. 91 452 41 00
www.esic.edu/editorial
@EsicEditorial

ISBN: 978-84-1192-130-5
Depósito Legal: M-1073-2025

Diseño de cubierta: Zita Moreno Puig
Maquetación: Santiago Díez Escribano
Lectura: Balloon Comunicación
Impresión: Gráficas Dehon

Un libro de

Impreso en España – *Printed in Spain*

Este libro ha sido impreso con tinta ecológica y papel sostenible.

Para Aitor

Para mis padres

Para mis cuatro hijos: Mencía, Jimena, Diego y Sofía

ÍNDICE

PRESENTACIÓN

«Ser incapaz de entusiasmarse es señal de mediocridad».

Descartes

Bienvenidos a una exploración profunda y detallada de la intersección entre marketing y cosmética. En este libro, desglosamos las claves para triunfar en un sector que combina la ciencia de la formulación de productos con el arte de la seducción del consumidor.

Este libro está diseñado para ser una guía completa tanto para profesionales del marketing como para emprendedores y ejecutivos de la industria cosmética. A través de sus páginas, descubrirá cómo las grandes marcas han logrado posicionarse en la mente del consumidor y cómo las nuevas empresas pueden competir en un mercado saturado. Analizaremos casos de estudio de empresas líderes, desde gigantes como L'Oréal y Estée Lauder hasta innovadores disruptores como Glossier y Fenty Beauty.

La obra se estructura en tres partes principales. La primera parte se centra en datos del sector. La segunda parte profundiza en los patrones de compra del consumidor; la tercera parte abarca tendencias de consumo y, por último, en la cuarta parte se recogen las principales estrategias de marketing tanto de marketing digital como el uso de *influencers* y la importancia de la sostenibilidad y la responsabilidad social corporativa.

Marketing y cosmética: Estrategias persuasivas e influencers creativos para el nuevo consumidor no solo es un manual para aprender, sino también una inspiración para innovar y liderar en un mercado dinámico y en constante evolución. Le invitamos a sumergirse en este apasionante mundo y a descubrir las estrategias que pueden llevar su marca de cosméticos al siguiente nivel.

MENCÍA DE GARCILLÁN LÓPEZ-RÚA
Madrid, enero de 2025

1

SITUACIÓN ACTUAL DEL MERCADO DE LA COSMÉTICA

1.1. INTRODUCCIÓN

El sector de la cosmética en España ha experimentado una evolución significativa a lo largo de las décadas. Desde sus humildes comienzos con pequeñas empresas familiares hasta convertirse en una industria robusta y competitiva a nivel global, la cosmética española ha demostrado ser un pilar importante en la economía del país. En los años setenta y ochenta, el mercado comenzó a profesionalizarse y a internacionalizarse, impulsado por la creciente demanda interna y la apertura de nuevos mercados.

Hoy en día, España es uno de los principales productores de cosméticos en Europa, con un mercado caracterizado por una alta calidad de productos, innovación constante y un enfoque en la sostenibilidad. La industria abarca una amplia gama de productos que incluyen cuidado de la piel, maquillaje, fragancias, productos para el cabello y cuidados personales.

La innovación es un motor clave en la industria cosmética española. Empresas grandes y pequeñas invierten continuamente en investigación y desarrollo para crear productos más efectivos, seguros y amigables con el medioambiente. La sostenibilidad se ha convertido en una prioridad, con un enfoque creciente en el uso de ingredientes naturales y métodos de producción que minimicen el impacto ambiental.

El mercado español de la cosmética está influenciado por diversas tendencias globales, como el auge de la cosmética natural y orgánica, la personalización de productos y la creciente demanda de cosmética masculina. Además, el impacto de las redes sociales y el marketing de *influencers* ha revolucionado la forma en que las marcas interactúan con los consumidores, creando nuevas oportunidades para el crecimiento y la innovación.

España no solo es un importante mercado consumidor, sino también un exportador significativo de productos cosméticos. Las empresas españolas han logrado posicionarse en mercados internacionales gracias a la calidad de sus productos y a su capacidad para adaptarse a las necesidades y preferencias de los consumidores globales.

1.2. EL MERCADO EN CIFRAS

El sector de la cosmética en España sigue demostrando su vitalidad y capacidad de adaptación a las tendencias globales. En 2023, el mercado de la cosmética en España ha continuado su crecimiento sostenido, reflejando tanto la innovación en productos como la creciente demanda de los consumidores. A continuación, se presentan las cifras clave que ilustran el estado actual y las proyecciones de este dinámico sector.

En 2023, el mercado de la cosmética en España ha alcanzado un valor estimado de 9.000 millones de euros, marcando un crecimiento significativo respecto al año anterior. Este aumento se debe en gran parte a la recuperación económica pospandemia y al auge del comercio electrónico.

El mercado español de la cosmética se divide en varias categorías principales, cada una de las cuales ha experimentado distintos niveles de crecimiento:

- *Cuidado de la piel*. Con un valor aproximado de 2.250 millones de euros, esta categoría representa el 25% del mercado total. Los productos antiedad y los tratamientos faciales han sido particularmente demandados.

- *Maquillaje*. Con 1.800 millones de euros, el maquillaje constituye el 20% del mercado. El auge de las compras *online* y el impacto de los *influencers* en redes sociales han impulsado este segmento.

- *Fragancias*. Representan el 15% del mercado con 1.350 millones de euros en ventas. Las fragancias de lujo y los productos de nicho han visto un crecimiento notable.

- *Productos para el cabello*. Esta categoría, valorada en 1.800 millones de euros, abarca otro 20% del mercado. La demanda de productos naturales y orgánicos ha sido un factor clave.

- *Higiene personal*. Con un valor de 1.800 millones de euros, también representa el 20% del mercado. Los productos de cuidado diario y las soluciones de higiene específica han mantenido su relevancia.

El mercado de la cosmética en España ha mostrado un crecimiento anual compuesto (CAGR) del 4% en los últimos cinco años. En 2024, se espera que el crecimiento sea impulsado por la innovación en productos y la expansión de las ventas en línea, que han aumentado un 25% en comparación con el año anterior.

España se consolida como un exportador clave de productos cosméticos. En 2023, las exportaciones han superado los 4.000 millones de euros, con Francia, Alemania, Italia y Estados Unidos como los principales destinos. Este crecimiento en las exportaciones refleja la alta calidad y competitividad de los productos españoles en el mercado global.

El consumo per cápita de productos cosméticos en España es uno de los más elevados de Europa, con un gasto promedio de 180 euros por persona al año. Este dato subraya la importancia de la cosmética en la vida diaria de los consumidores españoles y su disposición a invertir en productos de alta calidad.

El comercio electrónico ha transformado el panorama de la cosmética en España. En 2023, las ventas *online* representan el 20% del total del mercado, reflejando un aumento significativo respecto al año anterior. Las plataformas digitales, combinadas con el marketing de *influencers* y las campañas en redes sociales, han sido cruciales para este crecimiento.

La inversión en investigación y desarrollo (I+D) sigue siendo un pilar fundamental para el éxito de la industria cosmética en España. En 2023, las empresas han destinado aproximadamente el 4% de sus ingresos a I+D, enfocándose en la creación de productos más sostenibles y eficaces. La tendencia hacia el uso de ingredientes naturales y tecnologías avanzadas ha sido prominente.

La sostenibilidad se ha convertido en un componente esencial del sector cosmético en España. Las marcas están adoptando prácticas más responsables y transparentes, desde el abastecimiento de ingredientes hasta la reducción de residuos en el embalaje. En 2025, se espera que el 30% de los nuevos productos lanzados tengan algún tipo de certificación ecológica o de comercio justo.

Según el informe de Cosmética 2023 elaborado por Stanpa, la belleza y el cuidado personal en España superan los 10.400 millones de euros.

El sector mostró en 2023 un crecimiento récord del 12,1%, situándose entre los grandes sectores contribuyentes a la expansión económica, como el turismo (13,1%) o la restauración (11%).

La Figura 1.1 recoge cómo ha ido creciendo cada categoría dentro del sector.

Estas cifras reflejan una tendencia creciente, por tercer año consecutivo, con un enfoque particular en el cuidado de la piel (+14,3%), que ahora representa un tercio del consumo total y donde destaca el incremento de los protectores solares de cerca del 20%.

Este crecimiento refleja una sociedad donde el bienestar y el cuidado personal son valores al alza, con una cultura arraigada y muy equilibrada en el perfil de los consumidores y las familias españolas.

En la Figura 1.2 se muestra una radiografía que ilustra este crecimiento.

Figura 1.1

DATOS CRECIMIENTO DEL SECTOR COSMÉTICO

Belleza y cuidado personal: valores al alza

+14%
de crecimiento en la categoría de cuidado de la piel

20%
de crecimiento en los productos solares, subcategoría perteneciente al cuidado de la piel

+13,8%
de crecimiento en la categoría de perfumes

+12,2%
de crecimiento en la categoría de cosmética de color

+9,8%
de crecimiento en la categoría de cuidado del cabello

+9%
de crecimiento en la categoría de aseo e higiene

Fuente: Stanpa (2024).

Figura 1.2

RADIOGRAFÍA DEL SECTOR COSMÉTICO EN CIFRAS

Radiografía del sector en cifras

8 - 10
PRODUCTOS QUE USA UNA PERSONA A DIARIO

36
PRODUCTOS AL AÑO POR PERSONA

206 €/AÑO
CONSUMO PER CÁPITA

84 %
DE LAS EMPRESAS DE COSMÉTICA Y PERFUMERÍA EN ESPAÑA SON PYMES

Fuente: Stanpa (2024)

España consolida su liderazgo internacional gracias a los 7.700 millones de euros de sus exportaciones y revalida su puesto como el segundo mayor exportador de perfumes, categoría que representa el 43% del total.

Se puede concluir que el mercado de la cosmética en España en 2023 continúa mostrando un crecimiento robusto y dinámico, impulsado por la innovación, la expansión del *ecommerce* y un enfoque creciente en la sostenibilidad. Con una fuerte presencia tanto en el mercado interno como en el internacional, España se consolida como un actor clave en la industria global de la cosmética. La combinación de calidad, innovación y responsabilidad social seguirá siendo fundamental para el éxito futuro del sector.

Estas cifras y tendencias destacan la importancia del sector cosmético en la economía española y su capacidad para adaptarse a las demandas cambiantes del mercado global.

2
COSMÉTICA: PATRONES DE CONSUMO

2.1. INTRODUCCIÓN

Los consumidores son más críticos, más exigentes y reflexivos en sus compras y están más informados. Cada vez resulta más complicado convencerlos y hacerles comprar lo que no necesitan. El consumidor valora especialmente las innovaciones que contribuyen a su comodidad o los productos que facilitan el trabajo o aportan mayor eficacia.

La innovación permanente, realizar nuevos lanzamientos de productos y orientarse a todos los segmentos de consumidores son clave para el éxito de las grandes marcas. Pero, sobre todo, deben tener en cuenta los factores internos y externos que afectan al proceso de compra del producto.

2.2. COSMÉTICA E INFLUENCIAS INTERNAS

La percepción en el mundo de la cosmética juega un papel crucial en la forma en que los consumidores eligen y utilizan los productos de belleza. No se trata solo de la eficacia de una crema o la calidad de un maquillaje, sino de cómo estos productos son percibidos a través de los sentidos, las emociones y las influencias sociales. Este epígrafe explora los múltiples factores que influyen en la percepción de los productos cosméticos y cómo las marcas pueden gestionar y aprovechar esta percepción para construir relaciones duraderas y significativas con sus consumidores.

A continuación, se examinará uno de los factores más importantes que influyen en el comportamiento del consumidor:

la percepción; considerando la trascendencia de esta en el comportamiento de compra.

Todo consumidor analiza la conveniencia de adquirir un producto o contratar un determinado servicio, por lo que intentará tomar decisiones que minimicen el riesgo a partir de su percepción de la realidad. Es decir, tratará de evitar las consecuencias que él no puede anticipar de un producto nuevo ante el temor de que no satisfaga sus necesidades como espera de él. Hay que destacar dos partes bien diferenciadas del proceso: el tipo de información obtenida y la forma en que esta se consigue.

La percepción se considera como la imagen mental que se forma con ayuda de la experiencia y necesidades; siendo resultado de un proceso de selección, interpretación y corrección de sensaciones. Como elemento clave en el éxito de cada campaña publicitaria, se destaca al individuo objetivo de la comunicación, el receptor. Las campañas deberán captar la atención del individuo y la información deberá ser interpretada correctamente, según la previsión del emisor. Las empresas detallarán su nicho objetivo para lograr establecer un determinado comportamiento o actitud. Así, los mensajes publicitarios formarán, reforzarán y modificarán actitudes para propiciar un comportamiento; creándose previamente una imagen del producto en la mente del receptor.

Por tanto, la respuesta del mercado ante un determinado producto o servicio por cada compañía dependerá de cómo estos sean percibidos. El Departamento de Marketing analizará la importancia de la percepción para explicar las demandas de los consumidores y las acciones de la empresa destinadas a satisfacer sus necesidades. De aquí que se desarrollen políticas de actuación coherentes con el posicionamiento deseado para incidir en la percepción del consumidor.

La percepción sensorial es uno de los aspectos más inmediatos y poderosos en la experiencia cosmética. Incluye la apariencia del producto, su textura, aroma y la sensación al aplicarlo en la piel:

- Vista

  - *Packaging y diseño*. El atractivo visual del envase es crucial. Colores, formas y gráficos influyen en la percepción del producto y en la decisión de compra.

  - *Visual merchandising*. La disposición y presentación de productos en tiendas atraen la atención y generan deseo.

- Olfato

  - *Fragancias*. Los aromas distintivos en productos cosméticos crean una conexión emocional. El olor puede evocar recuerdos y sentimientos positivos, reforzando la lealtad a la marca.

  - *Experiencias en tienda*. Las tiendas con fragancias agradables mejoran la experiencia de compra.

- Tacto

  - *Textura del producto*. La sensación de los productos en la piel es esencial. Cremas suaves y sedosas mejoran la percepción de calidad.

  - *Envase*. Materiales y acabados táctiles del envase (suavidad, textura) influyen en la percepción del lujo y calidad.

- Gusto

  - *Labiales*. El sabor de los productos labiales (brillos, bálsamos) puede mejorar la experiencia del usuario y su satisfacción.

  - *Muestras*. Algunas marcas ofrecen productos que son seguros para consumir, como bálsamos labiales comestibles.

- Oído

  - *Sonido del envase*. El sonido al abrir un producto (clic de una tapa, atomizador) puede influir en la percepción de calidad.

– *Música en tienda*. La música de fondo en las tiendas crea una atmósfera que puede influir en el estado de ánimo y en el comportamiento de compra.

El marketing sensorial en cosmética es básico para crear una experiencia de marca memorable y atractiva. Al involucrar los cinco sentidos, las marcas pueden construir una conexión emocional más profunda con los consumidores, mejorar la percepción del producto y fomentar la lealtad a la marca.

La percepción de los productos cosméticos también está profundamente influenciada por factores sociales y culturales. Las normas de belleza varían de una cultura a otra, y lo que se considera atractivo en una sociedad puede no serlo en otra. Las marcas deben ser conscientes de estas diferencias y adaptar sus estrategias de marketing en consecuencia:

• *Publicidad y medios*. Las campañas publicitarias, las redes sociales y el uso de *influencer*s juegan un papel vital en la formación de percepciones sobre los productos cosméticos. Un respaldo positivo de una figura pública puede aumentar la credibilidad y el atractivo del producto.

• *Tendencias culturales*. Las tendencias de belleza varían según la región. Por ejemplo, la preferencia por la piel clara en algunas culturas asiáticas ha impulsado la demanda de productos blanqueadores, mientras que, en otras regiones, el énfasis puede estar en el bronceado o la luminosidad de la piel.

La marca es un componente esencial de la percepción en cosmética. Una marca bien establecida con una reputación de calidad y eficacia puede generar una percepción positiva de sus productos, incluso antes de que sean probados.

• *Calidad percibida*. Los consumidores a menudo asocian el precio con la calidad. Los productos de lujo tienden a percibirse como más eficaces y seguros debido a su posicionamiento en el mercado.

• *Transparencia y sostenibilidad*. En la era actual, la transparencia en la formulación y el compromiso con la sostenibilidad son factores críticos. Las marcas que promueven ingredientes naturales, prácticas éticas y sostenibilidad ambiental tienden a ganar más confianza y lealtad de los consumidores (Mintel, 2021).

El marketing sensorial es una estrategia efectiva para influir en la percepción de los productos cosméticos. Al involucrar múltiples sentidos, las marcas pueden crear experiencias memorables que resuenen emocionalmente en los consumidores.

La marca Lush utiliza una fuerte estrategia de marketing sensorial, con tiendas que estimulan visualmente con colores vibrantes, aromas distintivos y la posibilidad de tocar y probar los productos, lo que refuerza su imagen de naturalidad y frescura (v. Figura 2.1).

FIGURA 2.1
INTERIOR DE UNA TIENDA LUSH

Fuente: lush.es

El *feedback* de los consumidores es vital para comprender cómo se perciben los productos en el mercado. Las reseñas *online*, los testimonios y las encuestas proporcionan información valiosa que puede ayudar a las marcas a mejorar sus productos y estrategias de marketing.

- *Reseñas y testimonios.* Las reseñas en línea permiten a otros consumidores conocer las experiencias de los compradores, lo que puede influir en sus decisiones de compra.

- *Encuestas y estudios.* Las marcas pueden utilizar encuestas y estudios para obtener *feedback* directo de los consumidores, ajustando sus productos y estrategias en función de las opiniones recibidas.

La percepción en cosmética es un fenómeno complejo que abarca factores sensoriales, sociales, culturales y de marca. Comprender estos factores y gestionarlos eficazmente puede significar la diferencia entre el éxito y el fracaso en el mercado cosmético. Las marcas deben centrarse en crear experiencias sensoriales positivas, adaptar sus estrategias a las influencias culturales y sociales, y mantener una transparencia y sostenibilidad que fomente la confianza del consumidor. Con estos elementos, las marcas pueden construir una percepción sólida y duradera en el competitivo mundo de la cosmética. A continuación, se muestran ejemplos que ilustran la percepción.

MY WAY DE GIORGIO ARMANI

El perfume My Way de Giorgio Armani ha sido diseñado no solo para ofrecer una fragancia cautivadora, sino también para crear una experiencia sensorial completa que influya en la percepción del consumidor. A través del análisis de diversas variables como el color, el envase y el olor, podemos entender cómo este producto logra posicionarse en la mente de los consumidores y destacarse en un mercado competitivo (v. Figura 2.2).

El color juega un papel crucial en la percepción de los productos de belleza y perfumería. En el caso de My Way, Giorgio Armani ha elegido una combinación de colores que evocan elegancia y frescura.

- *Color del líquido.* El perfume presenta un tono rosado suave, que sugiere feminidad, sofisticación y delicadeza. El color rosado está asociado con la belleza y la suavidad, lo que atrae a una audiencia que valora estos atributos en un producto.

Figura 2.2

IMAGEN DE PRESENTACIÓN DE MY WAY

Fuente: armanibeauty.es

- *Packaging exterior*. El estuche exterior es de un azul intenso, contrastado con letras doradas y rosadas. El azul transmite confianza y profesionalismo, mientras que el dorado y el rosado refuerzan la idea de lujo y feminidad.

El diseño del envase es fundamental para atraer la atención del consumidor y comunicar la esencia del producto.

- *Forma y diseño*. El frasco de My Way tiene un diseño elegante y moderno, con líneas suaves y redondeadas que reflejan un estilo contemporáneo. La tapa es un elemento distintivo: una piedra azul coronada con un anillo dorado, que aporta un toque de sofisticación y exclusividad.

- *Materiales*. El frasco está hecho de vidrio de alta calidad, lo que añade un sentido de peso y valor al producto. La tapa, diseñada para parecerse a una piedra preciosa, subraya la atención al detalle y a la artesanía.

- *Sostenibilidad*. Giorgio Armani ha enfatizado la sostenibilidad en el diseño del envase. El frasco es recargable, lo que no solo atrae a los consumidores conscientes del medioambiente, sino que también refuerza la percepción de la marca como responsable y moderna.

El perfume en sí es el componente más crucial, ya que debe capturar y mantener la atención del consumidor.

- *Notas de salida*. My Way se abre con notas frescas y cítricas de bergamota y flor de naranjo. Estas notas iniciales son brillantes y energizantes, capturando inmediatamente el interés del consumidor.

- *Notas de corazón*. Las notas de corazón incluyen tuberosa y jazmín, que añaden un cuerpo floral y una profundidad aromática al perfume. Estas notas son elegidas por su capacidad para evocar feminidad y elegancia.

- *Notas de fondo*. La base del perfume está compuesta de vainilla, cedro y almizcle blanco. Estas notas crean una sensación de calidez y persistencia, haciendo que la fragancia sea memorable y duradera.

La percepción del perfume My Way también está fuertemente influenciada por las campañas de marketing y las asociaciones de la marca.

- *Marketing de influencers*. Giorgio Armani ha utilizado a *influencers* y celebridades para promocionar My Way, lo que aumenta su atractivo entre los consumidores jóvenes y conectados digitalmente.

- *Publicidad visual*. Las campañas visuales del perfume utilizan imágenes de mujeres independientes y aventureras, lo que refuerza el mensaje de individualidad y autoexpresión que la fragancia pretende transmitir.

- *Sostenibilidad*. La comunicación sobre los esfuerzos de sostenibilidad de la marca, como el uso de frascos recargables y la inversión en proyectos ambientales, añade un valor adicional para los consumidores preocupados por el medioambiente.

FIGURA 2.3
CARTEL PRESENTADOR DE MY WAY

Fuente: armanibeauty.es

La percepción del perfume My Way de Giorgio Armani es el resultado de una cuidadosa combinación de factores sensoriales, emocionales y racionales. Desde el atractivo visual del envase y el color del líquido hasta la complejidad y la belleza de la fragancia, cada elemento está diseñado para crear una experiencia de lujo y exclusividad. Además, las estrategias de marketing y el compromiso con la sostenibilidad refuerzan la imagen positiva del producto, posicionándolo como una elección sofisticada y consciente para el consumidor moderno.

CHAMPÚ PANTENE MIRACLE SERUM REPARA & PROTEGE

El champú Pantene Miracle Serum Repara & Protege es un producto diseñado para ofrecer una solución integral al cuidado del cabello, combinando efectividad con una experiencia sensorial atractiva.

FIGURA 2.4
IMAGEN DE PRODUCTO PANTENE

Fuente: pantene.es

A continuación, se analizará cómo la percepción del consumidor se ve influenciada por diversas variables como el color, el envase y el olor, así como por las estrategias de marketing y el posicionamiento de la marca.

El color es uno de los primeros aspectos que los consumidores notan al interactuar con un producto.

- *Color del producto*. El champú en sí tiene un color perlado y brillante que evoca una sensación de pureza y cuidado. Este aspecto visual contribuye a la percepción de calidad y eficacia.

- *Packaging exterior.* El envase utiliza colores predominantes como el blanco y el dorado. El blanco simboliza limpieza y pureza, mientras que el dorado sugiere lujo y eficacia. Esta combinación de colores está diseñada para atraer a los consumidores que buscan productos que no solo sean efectivos, sino también de alta gama.

El diseño del envase es básico para captar la atención del consumidor y transmitir los valores de la marca.

- *Forma y diseño*. El frasco del champú Pantene Miracle Serum Repara & Protege tiene un diseño ergonómico, que facilita su uso en la ducha. El tamaño del frasco es práctico para el uso diario y es fácil de manejar.

- *Materiales*. El envase está hecho de plástico de alta calidad, lo que le da durabilidad y un aspecto profesional. Además, la transparencia parcial del envase permite ver el producto, lo que refuerza la percepción de transparencia y confianza en la marca.

- *Etiquetado*. La etiqueta es clara y proporciona información detallada sobre los beneficios del producto, ingredientes clave y modo de uso. Esto no solo educa al consumidor, sino que también aumenta la credibilidad del producto.

El aroma de un champú es una variable sensorial importante que puede influir en la decisión de compra y la satisfacción del consumidor.

- *Fragancia*. El champú Pantene Miracle Serum Repara & Protege tiene una fragancia fresca y floral, diseñada para proporcionar una experiencia placentera durante y después del lavado. La fragancia duradera refuerza la sensación de frescura y limpieza, lo que contribuye a una percepción positiva del producto.

La percepción de la eficacia del producto es crucial para su éxito en el mercado.

- *Resultados prometidos*. Pantene promueve el champú Miracle Serum Repara & Protege como un producto que repara y protege el cabello dañado, proporcionando suavidad y brillo desde el primer uso. La inclusión de ingredientes como la biotina y el aceite de ricino en la fórmula es un factor clave en la percepción de eficacia.

- *Pruebas de consumidor*. Las pruebas y estudios de consumidor que respaldan estas afirmaciones ayudan a consolidar la percepción de eficacia. Los consumidores tienden a confiar más en productos que han sido científicamente probados y que muestran resultados tangibles.

El posicionamiento y las estrategias de marketing de Pantene juegan un papel fundamental en la percepción del producto.

- *Publicidad y promociones*. Pantene utiliza campañas de publicidad que destacan los beneficios del champú y muestran testimonios de usuarios satisfechos. Las promociones en redes sociales y la colaboración con *influencers* también aumentan la visibilidad y credibilidad del producto.

- *Posicionamiento de marca*. Pantene se posiciona como una marca líder en el cuidado del cabello, conocida por su innovación y calidad. Este posicionamiento refuerza la percepción positiva del champú Miracle Serum Repara & Protege, y atrae a consumidores que buscan productos de confianza y eficacia probada.

La percepción del producto también se ve influenciada por las prácticas de sostenibilidad de la marca.

- *Envase reciclable*. Pantene ha tomado medidas para asegurar que sus envases sean reciclables, lo que conecta con los consumidores preocupados por el medioambiente.

- *Ingredientes naturales*. La inclusión de ingredientes naturales y la reducción de químicos nocivos en la fórmula refuerzan la percepción de que el producto es seguro y saludable para el uso diario.

El champú Pantene Miracle Serum Repara & Protege ha logrado crear una percepción positiva entre los consumidores gracias a una combinación estratégica de factores sensoriales, funcionales y emocionales. El color, el envase y el olor del producto, junto con una sólida estrategia de marketing y un compromiso con la sostenibilidad, contribuyen a una experiencia de usuario que no solo satisface las necesidades funcionales, sino que también proporciona un alto nivel de satisfacción emocional. Estos elementos juntos refuerzan la percepción de calidad y eficacia, posicionando el producto como una opción preferida en el competitivo mercado de la cosmética y el cuidado del cabello.

La marca Dior es sinónimo de lujo, elegancia y calidad. Los *gloss* de Dior no son la excepción, y han sido diseñados para proporcionar no solo una experiencia sensorial excepcional, sino también para proyectar una imagen de sofisticación y estilo. En este análisis, exploraremos cómo los colores, el envase, el olor y otros factores influyen en la percepción de los consumidores sobre los *gloss* de Dior.

FIGURA 2.5
IMAGEN LABIALES DIOR

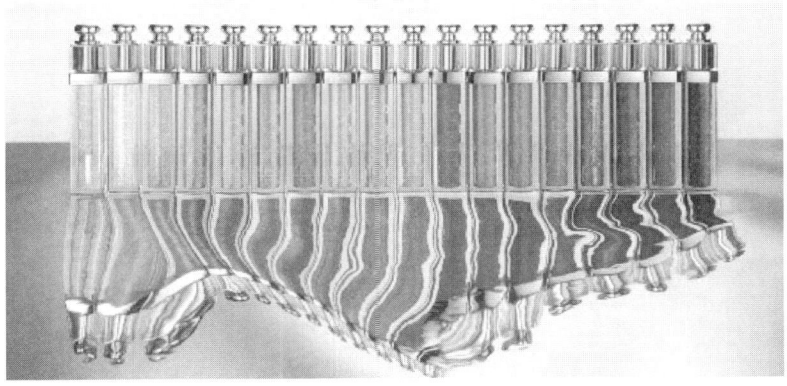

Fuente: dior.com

El color es una de las primeras características que captan la atención del consumidor y juegan un papel crucial en la percepción de los productos cosméticos.

- *Gama de colores*. Los *gloss* de Dior están disponibles en una amplia gama de tonos que van desde los nudes sutiles hasta los rojos vibrantes y los rosas intensos. Esta diversidad permite a los consumidores encontrar un tono que se adapte a su estilo personal y a diferentes ocasiones.

- *Pigmentación y brillo*. La alta pigmentación y el brillo intenso son características distintivas de los *gloss* de Dior. Estos colores no solo son atractivos visualmente, sino que también proporcionan una cobertura uniforme y duradera, lo que mejora la percepción de calidad y eficacia del producto.

FIGURA 2.6
IMAGEN PRUEBA *GLOSS* DE DIOR

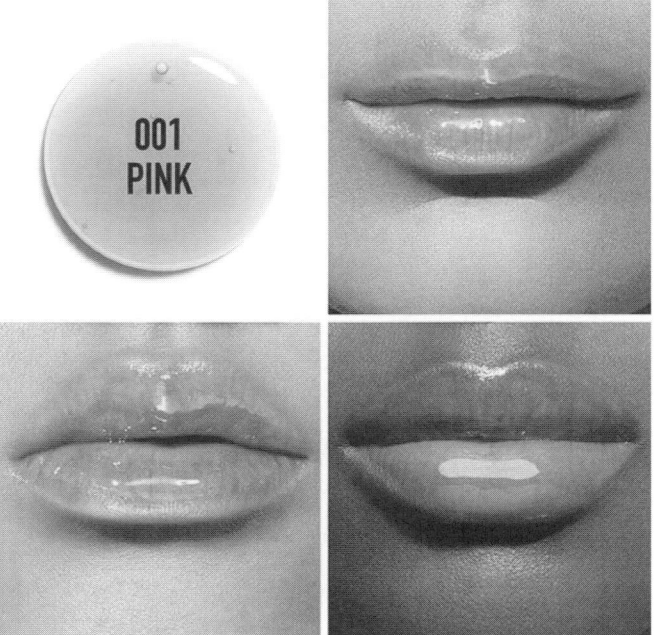

Fuente: dior.com

El envase de un producto cosmético es fundamental para atraer la atención y comunicar el valor e la marca.

- *Diseño y forma*. Los *gloss* de Dior presentan un diseño elegante y sofisticado. El envase es generalmente transparente, lo que permite ver el color del producto en su interior. Esto no solo facilita la elección del tono correcto, sino que también añade un elemento de lujo y transparencia.

- *Materiales y detalles*. Los envases están hechos de materiales de alta calidad que ofrecen durabilidad y una sensación de lujo. Detalles como el logotipo de Dior grabado y las tapas metálicas añaden un toque de exclusividad y refinamiento.

- *Portabilidad*. El tamaño compacto y el diseño ergonómico de los envases hacen que los *gloss* de Dior sean fáciles de llevar en el bolso, lo que es un factor importante para los consumidores que buscan conveniencia y estilo.

El olor de un producto cosmético puede influir significativamente en la experiencia del usuario y su satisfacción general.

- *Fragancia delicada*. Los *gloss* de Dior suelen tener una fragancia sutil y agradable que no es abrumadora. Este aspecto mejora la experiencia sensorial sin interferir con otros perfumes que el usuario pueda estar usando.

- *Percepción de frescura*. La fragancia fresca y ligera contribuye a una sensación de limpieza y lujo, lo que refuerza la percepción positiva del producto.

Además del color y el olor, la textura y la forma en que el producto se aplica son fundamentales para la percepción del consumidor.

- *Textura suave*. Los *gloss* de Dior tienen una textura suave y no pegajosa, lo que hace que la aplicación sea fácil y cómoda. La sensación agradable en los labios mejora la satisfacción del usuario.

- *Aplicador de alta precisión*. El aplicador está diseñado para proporcionar una aplicación precisa y uniforme, permitiendo a los usuarios lograr un acabado perfecto sin esfuerzo. Este nivel de detalle y funcionalidad refuerza la percepción de calidad y eficacia del producto.

La percepción del producto también está influenciada por las estrategias de marketing y el posicionamiento de la marca.

- *Publicidad y promoción*. Dior utiliza campañas publicitarias sofisticadas que destacan la elegancia y el lujo de sus productos. El uso de celebridades e *influencers* de alto perfil en sus campañas refuerza la imagen de exclusividad y deseo.

- *Posicionamiento de marca*. Dior se posiciona como una marca de lujo que ofrece productos de alta calidad. Este posicionamiento es coherente en todos sus puntos de contacto con el consumidor, desde el empaque hasta la experiencia de compra en sus *boutiques* exclusivas.

En la actualidad, los consumidores también valoran las prácticas sostenibles y éticas de las marcas.

- *Materiales reciclables*. Dior ha tomado medidas para asegurar que sus envases sean reciclables, lo que conecta con los consumidores conscientes del medioambiente.

- *Ingredientes naturales*. La inclusión de ingredientes naturales y la reducción de químicos nocivos en las fórmulas de los *gloss* de Dior refuerzan la percepción de seguridad y responsabilidad de la marca.

La percepción de los *gloss* de Dior entre los consumidores está influenciada por una combinación de factores sensoriales, funcionales y emocionales. El color vibrante y variado, el envase elegante y sofisticado, el aroma delicado y la textura suave, junto con una fuerte estrategia de marketing y un compromiso con la sostenibilidad, crean una experiencia de usuario que no solo satisface las necesidades funcionales, sino que también proporciona un alto nivel de satisfacción emocional. Estos elementos juntos refuerzan la percepción de calidad y lujo, posicionando a los *gloss* de Dior como una opción preferida en el competitivo mercado de la cosmética.

Johnson's baby

El argumento del anuncio muestra a una madre jugando con su hijo. El producto anunciado está enfocado claramente a satisfacer una necesidad: ofrecer un pelo limpio; a la vez que ofrece una experiencia inolvidable.

Figura 2.7
PUBLICACIÓN EN FACEBOOK DE JOHNSON'S BABY

Fuente: @JohnsonsBabyEcuador en Facebook.com.

A la hora de analizar cualquier anuncio y saber si tendrá éxito, se deben tener en cuenta dos aspectos fundamentales, que en esta publicación en concreto sí que se cumplen:

- *Que capte la atención.* Lo consigue gracias al color, imagen y *claim*. Contiene un nivel (umbral) de intensidad intermedio (ni máximo, ni mínimo).

- *Que sea interpretado correctamente.* El anuncio de Johnson's no presenta ninguna complicación a la hora de ser percibido e interpretado, ya que el mensaje es bastante sencillo y directo.

Además, es un anuncio que transmite multitud de sensaciones (factores externos) percibidas por los sentidos del oído y la vista. Dichas sensaciones están relacionadas tanto con el producto en sí como con otros *inputs* internos que se ven activados por las personas que en él intervienen, por el fondo y por el color.

Cuando se habla del proceso de percepción, es fundamental hacer referencia a sus tres fases: primero, en referencia a la selección, decir que la forma de estimular al consumidor con el mensaje publicitario siempre se busca en la motivación, intentando captar la atención (eslóganes, colores, envase, etc.) y creando una campaña fácil de recordar (por ejemplo, con una imagen clara del producto y un fondo que lo acompaña). Otro aspecto que aparece en la publicación es el de utilizar el factor novedad: experiencia inolvidable, muy atractiva de cara a la conexión emocional entre madre e hijo.

En segundo lugar, y para hablar de la organización de los estímulos, se fijará la atención en lo enunciado por la escuela de la Gestalt, estudiando el contenido de dicho mensaje. En primer lugar, es sencillo, directo y fácil de interpretar. Y, en segundo lugar, se dan algunos de los principios básicos de dicha escuela:

- *Relación entre figura y fondo*. Donde el fondo es importante, que refuerza ese mensaje que se quiere transmitir de experiencia inolvidable entre madre e hijo.

- *Agrupamiento o proximidad*. Consumidor feliz con el producto.

- *Ley de membresía*. Importancia del momento y del fondo, en el que madre e hijo aparecen jugando mientras utilizan el producto.

En lo que implica a la última fase de la percepción, la interpretación, hay que decir que para darle un significado lo más adecuado posible al anuncio e intentar guiar al espectador hacia las características más destacadas del champú se utilizan varios tipos de percepciones:

- *Percepción de la marca: JOHNSON'S*. A la cual las compras suelen estar muy vinculadas. Esta denominación se aprecia en la imagen.

- *Percepción de los factores publicitarios*. El logotipo sigue el nombre de la marca champú Johnson's. En cuanto al eslogan utilizado aparece «la vida renace», que es breve y evocador.

Por último, se quiere hacer un mayor hincapié sobre la forma que tiene este mensaje publicitario para captar nuestra atención, así que se analizarán varios factores, tratados anteriormente, por separado:

- *Colores*. Básicamente buscan llamar la atención sobre el producto que se anuncia, en este caso un champú. Para ello utilizan colores muy llamativos.

- *Formas*. Sobre todo, en el envase se observa una forma redondeada para transmitirnos un champú suave con nuestro cabello, natural y poco dañino.

Freshly Golden Radiance Body Oil

El producto Golden Radiance Body Oil de Freshly Cosmetics se ha posicionado como un referente en el cuidado corporal gracias a su combinación de ingredientes naturales y su propuesta innovadora. En este análisis, exploraremos cómo diversas variables como el tamaño, uso, color, envase y olor influyen en la percepción de los consumidores sobre este producto.

FIGURA 2.8
BANNER PRODUCTO GOLDEN RADIANCE FRESHLY

Fuente: freshlycosmetics.com

El tamaño del producto es una característica importante que afecta la percepción del valor y la practicidad.

- *Capacidad*. Golden Radiance Body Oil viene en un envase de 100 ml, que es lo suficientemente compacto para ser manejable y transportable, pero también suficiente para proporcionar múltiples aplicaciones antes de necesitar una reposición.

- *Valor percibido*. La cantidad de producto por envase, en relación con su precio, contribuye a la percepción de valor. Los consumidores tienden a valorar positivamente los productos que ofrecen una cantidad adecuada para un uso prolongado sin necesidad de reemplazo frecuente.

El uso del producto y su facilidad de aplicación son factores críticos en la experiencia del consumidor.

- *Propósito*. Golden Radiance Body Oil está diseñado para nutrir e hidratar la piel, proporcionando un brillo natural. Su uso está recomendado para todas las áreas del cuerpo que necesitan hidratación y luminosidad.

- *Aplicación*. La textura ligera y no grasa del aceite facilita su aplicación y absorción rápida. Los consumidores valoran este aspecto porque permite vestirse inmediatamente después de su uso sin dejar residuos grasos en la ropa.

El envase de un producto cosmético es fundamental para atraer la atención y comunicar el valor de la marca.

- *Diseño y materiales*. Golden Radiance Body Oil viene en un frasco de vidrio reciclable con un aplicador de bomba. El vidrio no solo es reciclable, sino que también sugiere calidad y durabilidad. El aplicador de bomba facilita la dosificación adecuada del producto, minimizando el desperdicio.

- *Estética*. El diseño del envase es minimalista y elegante, con una etiqueta clara que destaca los ingredientes naturales y los beneficios del producto. Este enfoque estético conecta bien con los consumidores que buscan productos que sean tanto funcionales como visualmente atractivos.

El olor es una variable sensorial crucial que puede afectar la satisfacción y la fidelidad del consumidor.

- *Fragancia*. El Golden Radiance Body Oil tiene una fragancia suave y natural, derivada de sus ingredientes botánicos como el aceite de almendra, rosa mosqueta y jojoba. La fragancia no es abrumadora, lo que la hace adecuada para el uso diario y para combinar con otros perfumes.

- *Experiencia sensorial*. La fragancia contribuye a una experiencia sensorial placentera, mejorando la percepción general del producto. Los consumidores suelen asociar los olores agradables con la eficacia y el disfrute del uso del producto.

En la percepción del consumidor moderno, la sostenibilidad y las prácticas responsables son cada vez más importantes.

- *Ingredientes naturales*. Freshly Cosmetics enfatiza el uso de ingredientes naturales y veganos, lo que atrae a los consumidores preocupados por la salud y el medioambiente.

- *Prácticas sostenibles*. El uso de envases reciclables y la producción responsable son factores que aumentan la percepción positiva del producto. Los consumidores valoran las marcas que toman medidas para reducir su impacto ambiental.

El Freshly Golden Radiance Body Oil ha logrado posicionarse favorablemente en la mente de los consumidores gracias a una combinación estratégica de factores sensoriales, funcionales y éticos.

El tamaño y la facilidad de uso del producto, junto con su atractivo color dorado, el diseño elegante del envase y la fragancia natural, crean una experiencia de usuario que satisface tanto las necesidades prácticas como las emocionales.

Además, el compromiso de la marca con la sostenibilidad y los ingredientes naturales refuerza la percepción positiva y la fidelidad del consumidor. Estas características juntas aseguran que el Golden Radiance Body Oil se destaque en el competitivo mercado de los productos de cuidado corporal.

Dentro de la percepción, se puede analizar este producto dentro de la escuela de la Gestalt. La escuela de la Gestalt, desarrollada en el ámbito de la psicología, se centra en cómo las personas perciben y organizan los elementos en su entorno para formar una experiencia completa. En marketing y cosmética, esta teoría puede aplicarse para comprender cómo los consumidores perciben un producto como un todo, más allá de sus componentes individuales.

Los principios de la Gestalt relevantes para este análisis incluyen proximidad, similitud, continuidad, cierre y figura-fondo. Estos principios ayudan a explicar cómo los consumidores perciben los productos de manera holística.

- *Principio de similitud*. El color dorado del aceite y el diseño de la etiqueta dorada en el envase crean una experiencia visual coherente y atractiva. La similitud en el color entre el producto y su envase refuerza la identidad del producto y transmite lujo y calidad.

La textura ligera y no grasa del aceite se percibe de manera similar a otros productos de cuidado de alta gama, lo que refuerza la percepción de calidad y eficacia. Los consumidores asocian esta textura con facilidad de uso y resultados visibles.

- *Principio de figura-fondo*. El contraste entre el dorado del producto y el envase transparente hace que el aceite destaque (figura) contra el fondo del envase, facilitando su identificación y atracción visual en los lineales.

- *Principio de proximidad*. El diseño ergonómico y la forma del frasco de vidrio permiten que los consumidores lo asocien fácilmente con productos de alta calidad. La proximidad de los elementos de diseño (logotipo, información del producto) en la etiqueta facilita la rápida comprensión y apreciación del producto.

- *Principio de cierre.* Aunque el envase es transparente, los consumidores tienden a completar mentalmente la imagen de un producto *premium* basado en la claridad y limpieza del diseño del envase, lo que sugiere pureza y eficacia.

Figura 2.9

IMAGEN PRODUCTO GOLDEN RADIANCE FRESHLY

Fuente: freshlycosmetics.com

- *Principio de continuidad.* La fragancia suave y natural del Golden Radiance Body Oil crea una experiencia continua desde el momento de la aplicación hasta varias horas después. Esta continuidad en la experiencia sensorial refuerza la percepción de un producto cuidado y de alta calidad, que ofrece beneficios duraderos.

La facilidad de aplicación y rápida absorción del aceite crean una experiencia de uso fluida y agradable, lo que lleva a una percepción positiva y consistente del producto. Este enfoque permite a Freshly Cosmetics diseñar y presentar su producto de manera que maximice la percepción positiva y la satisfacción del consumidor. Entender cómo los elementos individuales se combinan para formar una percepción total es crucial para el éxito en el competitivo mercado de la cosmética.

2.3. ACTITUDES

En este apartado se va a intentar llegar a una mayor comprensión de las actitudes y lo que ellas engloban. Partiendo del famoso dicho de que «una imagen vale más que mil palabras», los anuncios nos van a ayudar a transmitir gran cantidad de conceptos.

Por desgracia, los psicólogos sociales no coinciden en la definición exacta de las actitudes. Se pueden definir como una idea cargada de emoción, que predispone a un tipo de acción frente a una situación específica. Las actitudes tienen un objeto, una dirección, un grado y una intensidad, además poseen estructura y no hay que olvidar que se aprenden.

Todas las actitudes terminan originándose en las necesidades y valores que el hombre da a los objetos que las satisfacen. Existen fuentes que nos hacen conscientes de las necesidades, su importancia para nosotros y la manera en que las actitudes se orientan hacia los objetivos que las satisfacen: experiencia personal, pertenencia a grupos y personas importantes en nuestra vida.

Debido a que las actitudes surgen en el individuo y cambian con el tiempo, existen diversas teorías que tratan de explicar la función de estas en el comportamiento del consumidor. Pero, en general, todas ellas están basadas en el principio de consistencia, que versa sobre la coherencia o armonía que la mente humana trata de mantener con las actitudes que percibe en cada momento.

Por lo que respecta a la modelización de las actitudes, se puede hablar de dos modelos distintos: por un lado, el modelo de actitudes de tres componentes, y, por el otro, del modelo de atributos múltiples.

En palabras de Krech y Crutchfield, «una actitud es una organización estable de procesos motivacionales, perceptivos y cognoscitivos concernientes a un aspecto del universo del individuo». Esta es la definición del modelo de actitudes de tres componentes, que dice que una actitud debe ser analizada a través de sus tres componentes básicos: el componente cognitivo, que refleja la información, conocimientos y creencias del individuo hacia un determinado producto; el componente afectivo, que refleja los sentimientos y emociones que nos despierta el producto, la predisposición hacia este; y el componente conativo o de comportamiento, que representa la tendencia a la acción, a responder ante el producto de una determinada manera, en su caso a la compra: es el que nos impulsa a actuar.

El modelo de los tres componentes de la actitud (cognitivo, afectivo y conativo) es una herramienta útil para entender cómo los consumidores perciben y responden a los productos cosméticos.

A continuación, se presenta un análisis de esta variable en cuatro productos cosméticos: un sérum facial, un lápiz labial, una crema antiedad y un protector solar.

SÉRUM FACIAL «ADVANCED NIGHT REPAIR» DE ESTÉE LAUDER

FIGURA 2.10
IMAGEN ADVANCED NIGHT REPAIR ESTÉE LAUDER

Fuente: esteelauder.com

Componente cognitivo:

- *Percepción de eficacia.* Los consumidores perciben que este sérum es altamente efectivo debido a su formulación avanzada y su capacidad para reparar la piel durante la noche. La presencia de ingredientes como el ácido hialurónico y péptidos refuerza esta percepción.

- *Información técnica*. La marca proporciona información detallada sobre los estudios clínicos que respaldan la eficacia del producto, lo que aumenta la credibilidad y confianza del consumidor.

Componente afectivo:

- *Sensación de lujo*. El envase elegante y la reputación de la marca generan una sensación de lujo y exclusividad.

- *Emoción positiva*. Los usuarios a menudo reportan sentirse más seguros y satisfechos con su apariencia después de usar el producto, lo que crea una asociación emocional positiva.

Componente conativo:

- *Intención de compra*. La combinación de percepción de alta calidad y experiencias positivas lleva a una fuerte intención de compra y lealtad a la marca.

- *Recompra*. Los consumidores que han tenido una buena experiencia con el producto están dispuestos a repetir la compra, incluso si el precio es elevado.

LÁPIZ LABIAL ROUGE ALLURE DE CHANEL

FIGURA 2.11
IMAGEN ROUGE ALLURE DE CHANEL

Fuente: chanel.com/es

Componente cognitivo:

- *Calidad de ingredientes*. Los consumidores reconocen la alta calidad de los ingredientes y la pigmentación del lápiz labial, lo que les asegura un color duradero y una sensación de hidratación.

- *Reputación de la marca*. Chanel es percibida como una marca de alta gama, lo que refuerza la expectativa de un producto superior.

Componente afectivo:

- *Satisfacción estética*. El elegante envase y la gama de colores disponibles crean una experiencia estética que genera satisfacción y orgullo en el usuario.

- *Confianza y estilo*. Usar un producto de Chanel puede aumentar la confianza del consumidor y la percepción de estilo y sofisticación.

Componente conativo:

- *Fidelidad a la marca*. La fuerte conexión emocional y la satisfacción con el rendimiento del producto llevan a una alta fidelidad a la marca.

- *Promoción boca a boca*. Los usuarios satisfechos tienden a recomendar el producto a amigos y familiares, ampliando su alcance de mercado.

CREMA ANTIEDAD REVITALIFT DE L'ORÉAL

FIGURA 2.12
IMAGEN REVITALIFT LASER L'ORÉAL

Fuente: loreal-paris.es

Componente cognitivo:

- *Evidencia científica*. L'Oréal presenta evidencia científica sobre los beneficios antienvejecimiento de la crema, lo que convence a los consumidores de su eficacia.

- *Conocimiento de ingredientes*. La inclusión de ingredientes conocidos por sus propiedades antiedad, como el retinol y el ácido hialurónico, refuerza la percepción de eficacia.

Componente afectivo:

- *Esperanza y optimismo*. Los consumidores experimentan emociones de esperanza y optimismo sobre la mejora de su apariencia y la reducción de signos de envejecimiento.

- *Confort y seguridad*. La textura suave y el aroma agradable contribuyen a una experiencia de uso confortable y segura.

Componente conativo:

- *Intención de uso regular*. La percepción de eficacia y la experiencia positiva fomentan un uso regular y constante del producto.

- *Lealtad a la marca*. La satisfacción con los resultados lleva a la lealtad a la marca y la disposición a probar otros productos de L'Oréal.

PROTECTOR SOLAR ANTHELIOS DE LA ROCHE-POSAY

FIGURA 2.13
IMAGEN PROTECTOR SOLAR LA ROCHE-POSAY

Fuente: laroche-posay.es

Componente cognitivo:

- *Protección UV.* Los consumidores valoran la alta protección UV (SPF 50+) y la recomendación de dermatólogos, lo que refuerza la percepción de seguridad y eficacia.

- *Formulación científica.* La información sobre la formulación avanzada y los estudios clínicos proporcionan una base racional para la elección del producto.

Componente afectivo:

- *Tranquilidad y confianza.* Usar un protector solar recomendado por dermatólogos genera tranquilidad y confianza en la protección contra daños solares.

- *Apreciación por la salud.* La percepción de que el producto contribuye a la salud de la piel y previene problemas a largo plazo genera una actitud positiva.

Componente conativo:

- *Adopción de hábitos saludables.* La percepción de la importancia de la protección solar fomenta hábitos de uso diario y constante.

- *Preferencia de marca.* La experiencia positiva con Anthelios refuerza la preferencia por La Roche-Posay y la disposición a probar otros productos de la marca.

La actitud del consumidor en productos cosméticos se construye a través de los componentes cognitivo, afectivo y conativo. Cada uno de estos productos utiliza estrategias específicas para influir en estas áreas, creando una experiencia de usuario positiva que fomenta la lealtad y la repetición de compra. Comprender cómo estos componentes interactúan es esencial para desarrollar productos y estrategias de marketing efectivos en el sector cosmético.

Las actitudes de los consumidores hacia los productos cosméticos pueden variar significativamente debido a una multitud de factores. Estas actitudes se definen generalmente por tres componentes principales: cognitivo, afectivo y conativo. Aquí exploraremos cómo estos componentes pueden cambiar y qué influencias externas e internas pueden provocar estos cambios.

El **componente cognitivo** de la actitud se refiere a las creencias y conocimientos que un consumidor tiene sobre un producto. Factores que influyen:

- *Información y conocimiento.* La exposición a nueva información sobre ingredientes, eficacia y beneficios puede cambiar las creencias de un consumidor. Por ejemplo, descubrir que un producto contiene ingredientes naturales y es respetuoso con el medioambiente puede mejorar la percepción cognitiva.

- *Evidencia científica.* Estudios clínicos, certificaciones y recomendaciones de expertos pueden influir en la percepción de la eficacia y seguridad del producto.

- *Educación y concienciación.* Campañas educativas que informan sobre los beneficios del uso regular de productos específicos, como protector solar o cremas antienvejecimiento, pueden cambiar actitudes cognitivas al aumentar el conocimiento sobre la importancia de estos productos.

El **componente afectivo** de la actitud está relacionado con los sentimientos y emociones que un consumidor asocia con un producto. Factores que influyen:

- *Experiencia sensorial.* El olor, la textura y el empaque del producto pueden evocar emociones positivas o negativas. Un producto con un aroma agradable y una textura suave puede generar sentimientos de placer y satisfacción.

- *Testimonios y opiniones*. Las experiencias positivas compartidas por amigos, familiares, celebridades o *influencers* pueden generar emociones favorables hacia un producto.

- *Marca y publicidad*. La imagen de la marca y la forma en que se publicita el producto pueden evocar emociones. Por ejemplo, una campaña publicitaria que resalte la elegancia y el lujo puede hacer que los consumidores sientan que el uso del producto mejorará su propio estatus y autoestima.

El **componente conativo** se refiere a las intenciones y comportamientos de compra del consumidor. Factores que influyen:

- *Disponibilidad y accesibilidad*. La facilidad con la que un consumidor puede comprar el producto (presencia en tiendas, disponibilidad *online*) puede afectar sus intenciones de compra.

- *Promociones y descuentos*. Las ofertas especiales, descuentos y promociones pueden incentivar a los consumidores a probar un producto por primera vez o a repetir la compra.

- *Satisfacción y lealtad*. La satisfacción con el uso del producto puede llevar a comportamientos repetidos de compra. Por el contrario, una experiencia negativa puede desalentar la compra futura.

Además de los componentes internos de la actitud, varios factores externos pueden influir en cómo los consumidores perciben los productos cosméticos:

- *Tendencias sociales y culturales*.

  - *Normas de belleza*. Las normas y tendencias de belleza en una cultura específica pueden influir en la popularidad y aceptación de ciertos productos. Por ejemplo, en algunas culturas, la piel clara es valorada, lo que aumenta la demanda de productos blanqueadores.

- *Movimientos sociales*. Movimientos como el *clean beauty* o la belleza natural están llevando a más consumidores a buscar productos libres de químicos y ecológicamente responsables.

- *Influencia de la tecnología y medios digitales*.

  - *Redes sociales*. Las redes sociales han cambiado la forma en que los consumidores descubren y aprenden sobre los productos cosméticos. Las recomendaciones de *influencers* pueden tener un impacto significativo en la actitud de los consumidores.

  - *Publicidad digital*. Los anuncios dirigidos y personalizados en plataformas digitales pueden afectar las percepciones y actitudes de los consumidores hacia un producto.

- *Factores económicos*.

  - *Poder adquisitivo*. El poder adquisitivo y la situación económica de los consumidores afectan sus decisiones de compra. En tiempos de crisis económica, los consumidores pueden optar por productos más económicos o marcas genéricas.

  - *Valor percibido*. Los consumidores buscan la mejor relación calidad-precio, lo que puede cambiar sus actitudes hacia productos que perciben que ofrecen más valor.

La actitud de los consumidores hacia los productos cosméticos es dinámica y puede cambiar debido a una variedad de factores internos y externos. Entender estos factores permite a las marcas de cosméticos desarrollar estrategias de marketing más efectivas y adaptarse a las cambiantes necesidades y preferencias de los consumidores. La combinación de una experiencia sensorial positiva, una fuerte presencia en redes sociales y la adaptación a las tendencias y preocupaciones actuales son clave para influir en las actitudes y comportamientos de los consumidores.

A continuación, se van a presentar dos ejemplos en donde se aprecia el cambio de actitud de los consumidores hacia una marca.

FIGURA 2.14
MASCARILLAS LUSH

Fuente: lush.es

Cambio de actitud

- *Antes.* Los consumidores no solían considerar el impacto ambiental de los productos cosméticos y sus envases. La estética y la funcionalidad del envase eran las principales preocupaciones.

- *Después.* Actualmente, hay una creciente preferencia por productos que utilizan envases sostenibles y reciclables. Los consumidores muestran una mayor conciencia ambiental y optan por marcas que demuestran un compromiso con la sostenibilidad.

Factores influyentes

- *Crisis ambiental.* La creciente preocupación por el cambio climático y la contaminación por plásticos ha motivado a los consumidores a buscar opciones más ecológicas.

- *Campañas de concienciación.* Las campañas globales y los movimientos ecológicos han jugado un papel crucial en cambiar la percepción y la actitud hacia la sostenibilidad.

- *Regulaciones y normativas.* Las políticas gubernamentales y las normativas ambientales han incentivado a las marcas a adoptar prácticas más sostenibles, lo que a su vez influye en la actitud del consumidor.

Otro ejemplo de cambio de actitud podría ser el de marca Fenty.

FENTY BEAUTY BY RIHANNA

FIGURA 2.15
RIHANNA CREADORA DE LA MARCA FENTY BEAUTY

Fuente: fentybeauty.com

Cambio de actitud

- *Antes.* La industria cosmética solía ofrecer una gama limitada de tonos, especialmente en productos como las bases de maquillaje, lo que excluía a muchos consumidores de diversas etnias y tonos de piel.

- *Después.* Hay un cambio hacia productos que ofrecen una amplia gama de tonos y fórmulas adaptadas a diferentes tipos de piel. Los consumidores ahora buscan marcas que sean inclusivas y representen la diversidad.

Factores Influyentes

- *Influencia de la diversidad cultural.* La globalización y la mayor visibilidad de diferentes culturas y etnias en los medios han aumentado la demanda de productos inclusivos.

- *Éxito de marcas innovadoras.* Marcas como Fenty Beauty, que lanzaron con una amplia gama de tonos, han demostrado que existe un mercado significativo para productos inclusivos, lo que ha llevado a otras marcas a seguir su ejemplo.

- *Retroalimentación del consumidor.* La voz de los consumidores en plataformas digitales y redes sociales ha sido fundamental para destacar la necesidad de inclusión y diversidad en la industria cosmética.

Estos ejemplos muestran cómo la actitud del consumidor hacia los productos cosméticos ha evolucionado significativamente en los últimos años. Factores como la salud, la sostenibilidad y la inclusión han cambiado las prioridades y expectativas de los consumidores, obligando a las marcas a adaptarse y ofrecer productos que respondan a estas nuevas demandas. La capacidad de las marcas para reconocer y adaptarse a estos cambios es crucial para su éxito continuo en el mercado.

¿CÓMO SE PUEDEN VARIAR LAS ACTITUDES?

Aquí se presentan algunas opciones para conseguir modificar las actitudes que tengan los consumidores de los productos.

- *Vincular el producto o servicio a un tema implicado.* Por lo cual este nexo podría mejorar la participación respecto al producto. Por ejemplo, Lush y la sostenibilidad ambiental. Lush, la reconocida marca de cosméticos, ha vinculado sus productos y servicios a temas relacionados con la sostenibilidad ambiental y la ética.

- Vincular el producto o servicio a una situación personal en la que el consumidor esté involucrado. Por ejemplo, Dove y la autoestima y la confianza personal.

- *Diseñar campañas que estimulen una gran participación.* Por ejemplo, Glossier y la participación activa del consumidor. Glossier involucra a sus consumidores en el proceso de desarrollo de nuevos productos mediante encuestas y solicitando *feedback* directo.

FIGURA 2.16
PERFIL DE INSTAGRAM DE GLOSSIER

Fuente: @Glossier en Instagram.com

- *Dar a conocer o introducir las características más importantes del producto.* Se pueden asociar nuevos atributos a un producto y hacer a los consumidores más conscientes de que estos atributos te proporcionan algo más que otros productos que no lo llevan. Como ejemplo se puede observar Lancôme Advanced Génifique Youth Activating Serum. Lancôme destaca la tecnología avanzada detrás de Advanced Génifique, enfatizando sus componentes científicos y resultados probados. La marca utiliza términos como «Microbiome Science» y «*patented formula*» para resaltar la innovación y la investigación detrás del producto. Esta información se presenta en sus anuncios, sitio web y empaques, asegurando que los consumidores comprendan la base científica del suero.

Figura 2.17
IMAGEN PRODUCTO GÉNIFIQUE DE LANCÔME

Fuente: lancome.com

- *Cambiar las creencias actuales acerca de las consecuencias del comportamiento*. A menudo los consumidores tienen creencias incompletas o erróneas sobre las consecuencias de la compra y la utilización de determinadas marcas. Una manera de cambiarlas consiste en que los anuncios se concentren en los beneficios de marca.

- *Modificar la evaluación del sujeto sobre las consecuencias de una acción en particular*. Muchas veces, los consumidores creen que el hecho de emplear una marca les acarreará determinadas consecuencias, pero no las evalúan en una forma muy positiva. Las medidas con que se mejoran las evaluaciones de las consecuencias pueden arrojar resultados positivos. Por ejemplo, en un anuncio del enjuague bucal Fluocaril se subraya su sabor fuerte asociándolo a la eficacia con que destruye los gérmenes y produce un aliento fresco. Los posibles resultados para los consumidores son evaluaciones positivas del sabor fuerte y de lo blancos que deja los dientes comparándolo con un oso polar, mejorando así las actitudes frente a la marca.

El medio de que disponen los profesionales del marketing para influir en el cambio de actitudes es el diseño y realización de la comunicación persuasiva. En marketing el emisor suele ser una compañía o su marca, y el mensaje transmitido trata de modificar las actitudes del público a favor de la marca o de su compra. Para ello se debe tratar de codificar el mensaje de forma que aumenten al máximo las probabilidades de que la interpretación del receptor corresponda a la intención del emisor.

2.4. MOTIVACIÓN

Se puede definir un motivo como un estado interno que dirige los esfuerzos y acciones de un consumidor hacia una meta o metas que, generalmente, están situadas en el ambiente externo. La función de estos motivos es la de activar y dirigir el comportamiento de los consumidores.

Si se particulariza al sector de cosmética y perfumería, se puede apreciar que hay una serie de motivos clave que dirigen la conducta del consumidor en sus hábitos de compra.

La motivación en la compra de un cosmético es una variable crucial que impulsa a los consumidores a tomar decisiones de compra. La motivación se refiere a los deseos internos y las necesidades que influyen en el comportamiento de compra de los consumidores. En el contexto de la cosmética, estas motivaciones pueden ser variadas y están a menudo influenciadas por factores psicológicos, sociales y personales.

1. *Mejora de la autoestima*. Los consumidores buscan productos cosméticos que les ayuden a mejorar su apariencia física, lo que a su vez puede elevar su autoestima y confianza en sí mismos. La percepción de que un producto puede hacerlos ver mejor influye significativamente en su decisión de compra.

2. *Presión social y tendencias*. Las influencias sociales, incluidas las normas de belleza y las tendencias actuales, también motivan a los consumidores. La necesidad de conformarse con las expectativas sociales y las modas puede llevar a las personas a comprar ciertos productos para sentirse aceptadas y admiradas en su círculo social.

3. *Salud y bienestar*. La motivación para mantener una piel saludable y cuidada es otra razón clave. Los consumidores buscan productos que no solo mejoren su apariencia, sino que también cuiden su salud, como productos con ingredientes naturales y beneficios dermatológicos.

4. *Innovación y tecnología*. La atracción hacia productos innovadores y tecnológicamente avanzados también motiva a los consumidores. La percepción de que un nuevo producto ofrece mejores resultados debido a sus avances científicos puede ser un factor decisivo.

Un ejemplo se puede encontrar en la marca Glossier: autenticidad y comunidad.

Glossier ha construido su marca alrededor de la autenticidad y la conexión con su comunidad de consumidores. La marca motiva a sus clientes a través de una filosofía de belleza que celebra la individualidad y la autenticidad.

Glossier utiliza testimonios de clientes y contenido generado por los usuarios en sus campañas de marketing, lo que refuerza la percepción de que sus productos están diseñados para personas reales con necesidades reales.

La motivación de los consumidores para comprar Glossier está en la autenticidad y el sentido de pertenencia a una comunidad que valora la belleza natural y sin filtros.

2.5. APRENDIZAJE

El aprendizaje es cualquier cambio relativamente permanente en la conducta que ocurre como resultado de la experiencia, y es uno de los factores internos que influencia al consumidor. Es un proceso gradual, no repentino o impulsivo, y es muy importante para analizar el comportamiento del consumidor porque los procesos de compra son aprendidos.

En el sector de la cosmética la fidelidad a la marca es muy importante. Hay mucha oferta de marcas y productos, siendo un sector de elevada competencia. Para algunos productos, como los que son para niños, las personas tienen marcas preferidas y por eso los comerciales tienen que ser muy convincentes para llevarlos a comprar sus bienes. No es fácil hacer a un cliente cambiar de marca cuando este está satisfecho con lo que tiene. En estas situaciones los anuncios tienen que comprobar las ventajas de sus productos, de modo que convenzan a los espectadores a probarlo. Con otro tipo de productos, como los perfumes y champús, las personas están siempre cambiando de marca y la fidelidad es algo más complicada de conseguir. En estas situaciones lo más difícil es hacerlos fieles a este producto. La fidelidad se consigue a través del aprendizaje emocional.

El aprendizaje emocional se refiere al proceso mediante el cual las emociones y experiencias subjetivas de un consumidor influyen en sus decisiones de compra y en la percepción de un producto. En el contexto de los cosméticos, el aprendizaje emocional puede tener un impacto significativo en la lealtad a la marca, la satisfacción del cliente y la disposición a recomendar el producto a otros. Este tipo de aprendizaje se basa en las experiencias emocionales positivas o negativas que los consumidores asocian con el uso de un producto.

Los factores clave en el aprendizaje emocional ante un cosmético son:

1. *Experiencia de uso.* La sensación al aplicar el producto, su textura, olor y efecto en la piel.

2. *Marketing sensorial.* Campañas que apelan a los sentidos y emociones del consumidor.

3. *Historias de marca.* Narrativas que conectan emocionalmente con los consumidores.

4. *Retroalimentación social*. Opiniones y recomendaciones de amigos, familiares o *influencers*.

Un ejemplo de aprendizaje emocional podría ser Chanel N.° 5, perfume basado en la exclusividad y elegancia:

- Chanel N.°5 es un icono en el mundo de las fragancias, asociado con lujo y sofisticación.

- La publicidad de Chanel N.°5 a menudo utiliza imágenes elegantes y clásicas, junto con testimonios de celebridades como Marilyn Monroe, quien afirmó que usaba «solo unas gotas de Chanel N.°5 para dormir».

Los consumidores asocian la fragancia con elegancia y exclusividad, creando una experiencia emocional positiva que refuerza la lealtad a la marca.

El aprendizaje emocional es una herramienta poderosa en el marketing de cosméticos, ya que crea una conexión duradera entre el consumidor y la marca. Marcas como Chanel, Estée Lauder, Lush y Dove han aprovechado efectivamente este tipo de aprendizaje para generar lealtad, satisfacción y recomendaciones positivas. Al centrarse en las experiencias emocionales que los productos pueden ofrecer, estas marcas han logrado destacarse en un mercado altamente competitivo.

Los anuncios suscitan estímulos que los consumidores captan. Esos estímulos pueden mostrar necesidades que no sabían que tenían, o estar colocados en locales estratégicos de forma que repararen en ellos. Después, a través de sus conocimientos, las personas tienen una expectativa sobre el producto. El paso siguiente es probarlo. Este paso es muy importante y las marcas tienen que asegurarse que los consumidores van a probar su producto. Solo así conseguirán que las personas empiecen a consumirlo. El refuerzo de las promociones, ofertas y campañas publicitarias es muy importante ahora, porque van a ser ellas las responsables en la repetición del consumo y, más tarde, en la formación del hábito.

FIGURA 2.18
BANNER DODOT

Fuente: dodot.es

Cuando tienes un estímulo que te dice que necesitas pañales, vas a pensar en Dodot como la respuesta a tu problema (aprendizaje cognoscitivo). Tienes un estímulo incondicionado (pañales) que tiene un estímulo condicionado como respuesta (Dodot). Generalmente este estímulo condicionado es el resultado de un aprendizaje de familia. Mayoritariamente, son las madres las que dicen a sus hijas que esos productos son los mejores para sus bebés. Las hijas confían en sus madres y hacen lo mismo.

Aplicando el **condicionamiento instrumental** a este sector, la modificación del comportamiento se puede hacer de las siguientes formas:

- El **reforzamiento continuo** es muy utilizado en casi todos los tipos de productos. El reforzamiento continuo es una estrategia de marketing que busca incentivar repetidamente el comportamiento de compra a través de recompensas constantes. En el contexto de los cosméticos, el reforzamiento continuo puede ser especialmente efectivo para fomentar la lealtad a la marca y mantener la satisfacción del cliente. Este enfoque utiliza diversas tácticas para garantizar que los consumidores reciban beneficios continuos cada vez que compran o usan un producto cosmético.

Un ejemplo de reforzamiento continuo es el Sephora Beauty Insider Program. Sephora ha implementado un programa de lealtad conocido como Beauty Insider, que ofrece recompensas en función de la cantidad de dinero que los clientes gastan en productos. Su estrategia de reforzamiento se ha basado en:

– *Puntos de recompensa*. Los clientes acumulan puntos por cada compra, que pueden canjear por productos exclusivos, muestras y descuentos.

– *Eventos especiales*. Los miembros tienen acceso a eventos exclusivos, ventas anticipadas y regalos de cumpleaños.

– *Niveles de membresía*. El programa tiene diferentes niveles (Insider, VIB y Rouge), cada uno con beneficios incrementales, incentivando a los clientes a gastar más para alcanzar niveles más altos y obtener mejores recompensas.

El programa fomenta la repetición de compras al ofrecer recompensas tangibles y exclusivas, manteniendo a los consumidores comprometidos y leales a Sephora.

FIGURA 2.19
BANNER SEPHORA

Fuente: sephora.com

Otro ejemplo de reforzamiento continuo es el de Clinique Bonus Time.

Clinique regularmente realiza promociones conocidas como «Bonus Time» en grandes almacenes y en su sitio web, donde los clientes reciben un conjunto de productos de tamaño de viaje como regalo con una compra mínima. Su estrategia de reforzamiento se ha basado en:

- *Regalos con compra*. Durante las promociones de Bonus Time, los clientes reciben un set de miniproductos de Clinique al alcanzar un umbral de compra.

- *Frecuencia*. Estas promociones se realizan varias veces al año, creando anticipación y motivando a los clientes a esperar y participar en las promociones.

- *Variedad*. Los regalos suelen incluir productos populares y novedades, permitiendo a los consumidores probar diferentes productos.

FIGURA 2.20
CLINIQUE BONUS

Fuente: clinique.com

La estrategia de regalar productos adicionales motiva a los consumidores a realizar compras recurrentes durante las promociones, aumentando la frecuencia de compra y la lealtad a la marca.

- El **reforzamiento parcial** es un cambio más lento, pero su aprendizaje es más permanente. El reforzamiento parcial es una estrategia de marketing que implica ofrecer recompensas de manera intermitente o en intervalos no predecibles, en lugar de después de cada compra.

Este enfoque puede mantener a los consumidores comprometidos y motivados, ya que nunca están seguros de cuándo recibirán una recompensa, lo que puede aumentar la frecuencia de sus compras y su lealtad a la marca. En el contexto de los cosméticos, el reforzamiento parcial puede adoptar diversas formas, como sorteos, promociones sorpresa y recompensas aleatorias.

Un ejemplo puede ser MAC Cosmetics con sus ofertas exclusivas y sorpresas de *backstage*. MAC Cosmetics implementa ofertas exclusivas y sorpresas de *backstage* para mantener a sus clientes comprometidos. MAC lanza ofertas exclusivas y limitadas en su sitio web y tiendas, disponibles solo por tiempo limitado y sin previo aviso. Durante eventos especiales o lanzamientos, MAC puede incluir productos adicionales o regalos para los compradores, creando un elemento de sorpresa y deleite.

La imprevisibilidad de estas ofertas y sorpresas fomenta un sentido de anticipación y emoción, incentivando a los clientes a seguir comprando para no perderse las oportunidades especiales.

El reforzamiento parcial es una estrategia efectiva para mantener a los consumidores comprometidos y motivados en el mercado de los cosméticos. Muchas marcas como MAC Cosmetics han implementado tácticas de reforzamiento parcial que crean una sensación de anticipación y emoción, incentivando a los consumidores a realizar compras frecuentes y permanecer leales a la marca. Esta estrategia aprovecha la imprevisibilidad para mantener el interés y la satisfacción del cliente a largo plazo.

La **adaptación** produce un cambio notable de la conducta. Es el caso de las tarjetas de cliente que dan descuentos para estimular a los clientes a visitar sus tiendas. Un ejemplo podría ser MAC Cosmetics - MAC Lover. El programa MAC Lover de MAC Cosmetics ofrece recompensas a los clientes leales.

FIGURA 2.21
MAC LOVER

Fuente: maccosmetics.es

- La **discriminación** se puede verificar, por ejemplo, en las firmas más caras y con más calidad y reputación, como las de farmacia (Vichy), perfumería (Chanel) o maquillaje (Helena Rubinstein).

- La **modelación** acontece cuando el sujeto observa la conducta ajena y sus consecuencias (coloración para el pelo).

- Para finalizar, otra manera de modificar el comportamiento es la **ecológica**, presente en el eslogan de Body Shop «*Against animal testing*».

- La **recuperación espontánea** es muy utilizada. Por ejemplo, cuando los nuevos modelos de una marca de perfume son anunciados, esta reaparece repentinamente.

Para finalizar es importante mencionar de la **retención**. La retención en el aprendizaje se refiere a la capacidad de los consumidores para recordar y aplicar la información obtenida sobre un producto en sus decisiones de compra futuras. En el contexto de los cosméticos, la retención en el aprendizaje puede influir significativamente en la lealtad a la marca, la satisfacción del cliente y la repetición de la compra. Este tipo de aprendizaje se puede fortalecer mediante varias estrategias de marketing, que incluyen experiencias positivas del producto, campañas educativas, programas de fidelización y marketing sensorial. Un ejemplo de retención se puede encontrar en Clinique - Three-Step Skincare System.

FiguraA 2.22
LOS 3 PASOS DE CLINIQUE

Fuente: clinique.com

El sistema de cuidado de la piel en tres pasos de Clinique está diseñado para simplificar la rutina de cuidado de la piel y asegurar resultados visibles. La estrategia de retención se ha basado en la educación del consumidor: Clinique proporciona tutoriales detallados y consultas en sus tiendas para educar a los consumidores sobre el uso correcto del sistema en tres pasos. Se ha basado también en la experiencia personalizada: las consultas personalizadas ayudan a los consumidores a seleccionar los productos adecuados para su tipo de piel, creando una experiencia positiva y memorable. Y, por último, en los resultados tangibles: los resultados visibles y tangibles refuerzan la satisfacción del consumidor, incentivando la repetición de la compra. La combinación de educación, personalización y resultados positivos mejora la retención del conocimiento del consumidor sobre el producto y fomenta la lealtad a la marca.

2.6. PERSONALIDAD

Dentro del tema de la personalidad, y en concreto dentro de las teorías individualistas, está incluida la teoría del psicoanálisis. Está teoría está muy presente en la publicidad del sector que se está tratando.

El modelo de Freud permite poner de manifiesto que los compradores no solo están influenciados por variables económicas, sino también por los aspectos simbólicos del producto. De esta forma, puede explicarse la importancia que tiene el diseño del producto y los símbolos con los que se le asocia para influir en el comportamiento del consumidor.

La teoría del psicoanálisis guarda una estrecha relación con el marketing aspiracional, especialmente en el sector cosmético, al explorar los deseos inconscientes y las aspiraciones del individuo.

El marketing cosmético utiliza principios del psicoanálisis para conectar con los anhelos profundos de belleza, juventud y aceptación social, aspectos que residen en el inconsciente del consumidor. Mediante mensajes y estrategias que apelan a la autoestima y al ideal del «yo», las marcas cosméticas no solo venden productos, sino también promesas de transformación y autoafirmación.

Este enfoque aprovecha la conexión emocional para posicionar los productos como herramientas que ayudan a alcanzar una versión idealizada de uno mismo, alineando el consumo con la búsqueda de satisfacción emocional y pertenencia.

La teoría psicoanalítica ha ayudado a los mercadólogos a comprender que tienen que dirigirse a los sueños, las esperanzas y los temores de los compradores. Esta teoría enfatiza el uso de sueños fantásticos para identificar los motivos inconscientes que subyacen en el comportamiento de las personas. Los publicistas suelen llevar a los consumidores a imaginar lo que puede suponer el uso del producto y sus consecuencias.

Los productos que más se prestan a este tipo de influencias son los perfumes, bebidas alcohólicas, tabaco, ropa de moda, etc.

Así, en los anuncios se puede ver cómo se presentan cuerpos esculturales que tratan de incidir en el subconsciente del espectador estimulando su fantasía, para que el producto sea atractivo y su actitud hacia él sea positiva.

La teoría psicoanalítica, por tanto, rompe de forma radical con la idea del consumidor como un ser racional. Freud propone la existencia de una serie de fuerzas internas que guían el comportamiento humano. Es decir, que las personas no siempre se dejan llevar por criterios económicos. Estas fuerzas internas son el impulso sexual y el agresivo y son conocidas como eros y tánatos; sin embargo, a pesar de que rigen la mayoría de las acciones de los individuos, se manifiestan de manera oculta, puesto que la sociedad reprime su reconocimiento público. Los componentes del psicoanálisis aplicados al marketing de cosméticos son:

- **El ello (id)**:
  - Representa los impulsos y deseos inconscientes que buscan gratificación inmediata.

- Ejemplo: comprar un labial de lujo impulsivamente porque promete hacer sentir más atractivo al instante.

- **El yo (ego)**:

  - Actúa como mediador entre los deseos del ello y las realidades del mundo exterior.

  - Ejemplo: elegir productos que equilibran el deseo de lujo con la necesidad de cuidar el presupuesto.

- **El superyó (superego)**:

  - Representa la moralidad y los valores internalizados.

  - Ejemplo: optar por cosméticos *cruelty-free* o ecológicos porque se alinean con valores personales de ética y sostenibilidad.

Un ejemplo en el que se pueden ver claramente esos componentes es el perfume Chanel N.° 5.

En definitiva, el psicoanálisis proporciona una lente a través de la cual se puede comprender mejor el comportamiento del consumidor en el mercado de los cosméticos. Marcas como Chanel utilizan estrategias que apelan a los deseos inconscientes, equilibran esos deseos con la realidad y alinean sus productos con valores éticos y morales. Esta comprensión profunda de la psicología del consumidor permite a las marcas crear conexiones emocionales duraderas y fomentar la lealtad a largo plazo.

Impulso inconsciente (ello)

- Atracción por el lujo y la exclusividad: Chanel N.° 5 se asocia con *glamour* y exclusividad, apelando al deseo inconsciente de estatus y sofisticación.

- Publicidad icónica: campañas con celebridades como Marilyn Monroe crean una conexión emocional y un deseo aspiracional, tocando el deseo inconsciente de ser admirado y deseado.

Ego y realidad

- Prestigio y reconocimiento social: comprar Chanel N° 5 satisface el deseo de lujo mientras se justifica con la durabilidad y la calidad del perfume.

Superyó y moralidad

- Herencia y autenticidad: la historia y la tradición de Chanel se alinean con valores de autenticidad y excelencia.

FIGURA 2.23
CHANEL N.° 5

Fuente: chanel.com

3

COSMÉTICA E INFLUENCIAS EXTERNAS

3.1. CULTURA

Existen numerosos factores o variables que actúan sobre el comportamiento del consumidor. Una de esas variables es la cultura, que cobra especial importancia cuando la organización diseña estrategias de marketing internacional. Para comercializar con éxito un producto es necesario comprender los factores culturales que le afectan, ya que la conducta de compra de las personas se ve influida por los valores culturales que interactúan con las necesidades emocionales. Conociendo la cultura se llegará a interpretar la reacción de los consumidores frente a las diversas estrategias de marketing.

El mercado global de la cosmética es un sector en constante evolución, impulsado por innovaciones tecnológicas, cambios en las preferencias de los consumidores y tendencias emergentes. En 2023, el informe de Nielsen sobre marcas globales en cosmética proporciona una visión detallada y crítica del panorama actual, destacando los factores clave que están moldeando la industria. Este capítulo analiza los hallazgos más relevantes del informe y cómo las principales marcas están adaptando sus estrategias para mantenerse competitivas y relevantes.

Uno de los principales hallazgos del informe de Nielsen es el aumento significativo en la demanda de productos cosméticos naturales y orgánicos. Los consumidores son cada vez más conscientes de los ingredientes en sus productos de belleza y buscan opciones que sean más saludables y sostenibles. Este cambio ha llevado a muchas marcas a reformular sus productos y a lanzar nuevas líneas que cumplen con estas expectativas.

L'Oréal ha respondido a esta tendencia ampliando su línea de productos naturales y orgánicos. La marca Garnier, por ejemplo, ha lanzado productos con certificación orgánica y envases reciclables, posicionándose como una opción sostenible en el mercado global. Un ejemplo es el producto Good.

Figura 3.1
IMAGEN PRODUCTO GARNIER GOOD

Fuente: garnier.es

Garnier, una de las marcas más reconocidas de L'Oréal, ha alcanzado un éxito significativo en 2023 con su línea de productos Good. Este éxito se puede atribuir a una combinación de factores estratégicos, incluyendo el enfoque en la sostenibilidad, la innovación en productos, campañas de marketing efectivas y una fuerte conexión con las necesidades y valores de los consumidores actuales.

Uno de los principales motores del éxito de Good de Garnier ha sido su compromiso con la sostenibilidad. La línea de productos se destaca por el uso de ingredientes naturales y orgánicos, una tendencia que ha ganado popularidad entre los consumidores que buscan productos más saludables y ecológicos.

Good de Garnier también ha implementado prácticas de embalaje sostenible, utilizando materiales reciclados y reciclables. Esta iniciativa no solo reduce el impacto ambiental, sino que también sintoniza con los consumidores conscientes del medioambiente.

La línea Good de Garnier ha introducido productos innovadores con formulaciones efectivas que cumplen con las expectativas de los consumidores en términos de calidad y rendimiento. Productos como los champús y acondicionadores de la línea Good están formulados para ofrecer resultados visibles, como la mejora de la salud del cabello y la piel.

Los productos Good de Garnier han obtenido varias certificaciones que avalan su calidad y compromiso con la sostenibilidad, como las certificaciones orgánicas y *cruelty-free*. Estas certificaciones no solo aumentan la credibilidad de la marca, sino que también atraen a consumidores que buscan productos éticamente responsables.

Garnier ha llevado a cabo campañas publicitarias transparentes y educativas, informando a los consumidores sobre los beneficios de sus productos y sus prácticas sostenibles. Estas campañas han ayudado a construir una relación de confianza con los consumidores.

La marca ha colaborado con *influencers* y deportistas, y ha utilizado las redes sociales de manera efectiva para promover la línea Good. Los *influencers* han compartido sus experiencias positivas con los productos, lo que ha ampliado el alcance y ha generado una percepción positiva entre los seguidores.

La línea Good de Garnier se ha alineado con el creciente interés de los consumidores en la salud y el bienestar. Los productos están diseñados para ser suaves y beneficiosos, promoviendo un enfoque holístico del cuidado personal. El compromiso de Garnier con la responsabilidad social y ambiental ha conectado profundamente con los consumidores que valoran estas prácticas. La marca ha participado en diversas iniciativas y asociaciones que promueven la sostenibilidad y el bienestar social, lo que ha fortalecido su imagen de marca.

FIGURA 3.2
DISPLAY GARNIER GOOD

Fuente: Ipmark (2024 a)

El enfoque en la sostenibilidad, la innovación y las campañas de marketing efectivas han dado como resultado un aumento significativo en las ventas de la línea Good de Garnier. Los consumidores han respondido positivamente a los productos, impulsando el crecimiento de la marca en el mercado global.

Good de Garnier ha recibido varios premios y reconocimientos en la industria de la belleza por sus esfuerzos en sostenibilidad y la calidad de sus productos. Estos reconocimientos no solo validan los esfuerzos de la marca, sino que también aumentan su prestigio y atractivo en el mercado.

El éxito de Good de Garnier en 2023 se puede atribuir a una combinación de factores estratégicos que incluyen un fuerte enfoque en la sostenibilidad, innovación constante en productos, campañas de marketing efectivas y una conexión profunda con los valores de los consumidores. Al alinearse con las tendencias emergentes y las demandas del mercado, Garnier ha logrado posicionar su línea Good como un líder en la industria de la cosmética, demostrando que la responsabilidad social y ambiental puede ir de la mano con el éxito comercial.

El conocimiento de la cultura de una determinada sociedad es muy importante para la empresa, no solo desde el punto de vista estratégico, sino también por su impacto sobre la puesta en marcha de la política de producto, precio, distribución y comunicación de la empresa.

Independientemente de la cultura y el contexto, los individuos son propensos a tener el mismo tipo de debilidades y temores, y a aspirar a cosas muy parecidas. En términos más prácticos, los jóvenes de Taiwán se visten y se divierten de la misma forma que los jóvenes de Florencia; los centros comerciales del mundo, con sus peculiaridades étnicas, siguen los mismos procesos de compraventa y negociación; y las mujeres pudientes, hasta las musulmanas debajo de sus túnicas, visten las mismas marcas y cosméticos.

Pero también puede haber importantes diferencias en el modelo de producto o en los materiales utilizados. Sobre todo, en el ámbito rural de los países menos desarrollados, los cosméticos suelen ser artesanales, aunque cada vez se implantan con más fuerza las grandes marcas internacionales. Un buen ejemplo de esta idea se puede ver en la siguiente imagen.

En la Figura 3.3 se observa un pintalabios tradicional marroquí con un cuenco de madera que contiene carmín elaborado con pétalos de rosa, amapolas y arcilla. Tiene propiedades nutritivas y además embellece.

FIGURA 3.3
PINTALABIOS BEREBER

Fuente: tierradeceibas.com

Es un pintalabios fabricado en un cuenco con arcilla y donde se añade carmín. Sobre todo lo utilizan las mujeres bereberes del norte de África para hidratar su piel y, por supuesto, mejorar su imagen.

El informe de Nielsen de 2023 proporciona una visión profunda de las preferencias y comportamientos de compra de cosméticos en diferentes culturas alrededor del mundo. Este análisis es crucial para las marcas globales de cosméticos, ya que les permite adaptar sus estrategias de marketing y productos para satisfacer mejor las necesidades de sus consumidores en mercados diversos. Entre los principales hallazgos del informe se pueden apuntar las siguientes preferencias de ingredientes y formulación:

- En países como Corea del Sur y Japón, los consumidores valoran los productos con ingredientes naturales y tradicionales, como el té verde, el ginseng y la baba de caracol. La eficacia de estos ingredientes en la mejora de la piel es muy apreciada.

- En China y otros países asiáticos, los productos que promueven el blanqueamiento de la piel son altamente demandados debido a los ideales de belleza locales. El comercio electrónico es extremadamente popular en Asia. Plataformas como Tmall y JD.com son líderes en ventas de cosméticos.

- Los consumidores europeos muestran una preferencia creciente por productos orgánicos y libres de sustancias químicas perjudiciales. Etiquetas como «libre de parabenos» y «sin sulfatos» son muy valoradas. La sostenibilidad es una prioridad, con una demanda creciente de productos en envases reciclables y con prácticas de producción sostenibles. Los consumidores europeos valoran la autenticidad y la historia de la marca. Prefieren marcas con una larga trayectoria y reputación de confiabilidad. Las campañas que enfatizan el origen natural y la autenticidad de los ingredientes son particularmente exitosas. Aunque las compras en línea están en crecimiento, las tiendas físicas siguen siendo importantes en Europa, especialmente en países como Francia e Italia, donde la experiencia de compra en tiendas de lujo es altamente valorada.

- Los consumidores norteamericanos buscan productos que ofrezcan resultados inmediatos y visibles, como tratamientos antienvejecimiento y productos de alta tecnología. Los productos multifuncionales, que combinan varios beneficios en uno solo, son altamente apreciados por su conveniencia y eficiencia. Los consumidores norteamericanos valoran las marcas que lideran en innovación y tecnología. La percepción de que un producto es tecnológicamente avanzado puede ser un factor decisivo en la compra.

El informe de Nielsen 2023 destaca las diferencias culturales en las preferencias y comportamientos de compra de cosméticos. Las marcas globales deben adaptarse a estas diferencias para satisfacer mejor las necesidades de sus consumidores. Comprender y responder a las variaciones en las preferencias de ingredientes, la percepción de marca y los hábitos de compra es crucial para el éxito en el mercado global de cosméticos. Al alinearse con estas tendencias y comportamientos específicos de cada cultura, las marcas pueden maximizar su alcance y éxito en un mercado diverso y competitivo.

3.2. GRUPOS DE REFERENCIA

En este apartado se trata de analizar la influencia de los grupos de referencia en la compra y en el comportamiento del consumidor. Las apelaciones a grupos de referencia son estrategias promocionales efectivas porque sirven para incrementar el recuerdo del producto y para reducir el riesgo percibido entre los clientes potenciales.

La utilidad de estos grupos para el marketing viene fundamentada principalmente por los líderes de opinión, que tienen una gran fuerza de convicción sobre los consumidores. Esto se debe a que tales personajes han alcanzado el éxito y un reconocido prestigio.

En el sector cosmético, los grupos de referencia juegan un papel crucial en la formación de las decisiones de compra de los consumidores. Estos grupos pueden influir significativamente en las preferencias, percepciones y comportamientos de compra, actuando como guías y modelos que seguir.

En 2023, la influencia de estos grupos ha evolucionado con el auge de las redes sociales, los *influencers* y las comunidades en línea. Este capítulo explora los diferentes tipos de grupos de referencia en el mercado de la cosmética, su impacto en el comportamiento del consumidor y cómo las marcas pueden aprovechar esta influencia para fortalecer su presencia y ventas.

Entre los grupos de referencia se pueden destacar:

- familiares y amigos,
- *influencers* y celebridades,
- comunidades en línea y redes sociales,
- grupos profesionales y expertos.

Familiares y amigos

Los familiares y amigos son considerados grupos de referencia primarios debido a la confianza y cercanía que los consumidores tienen con ellos. Sus opiniones y recomendaciones suelen ser percibidas como genuinas y desinteresadas, lo que aumenta su influencia.

Los consumidores tienden a confiar en las recomendaciones de familiares y amigos para productos cosméticos, especialmente cuando buscan soluciones para problemas específicos como el acné o el envejecimiento.

La posibilidad de probar productos recomendados por familiares y amigos también aumenta la probabilidad de compra. Compartir productos como muestras de maquillaje o cuidado de la piel es una práctica común que influye en las decisiones de compra.

En 2024, los *influencers* y celebridades siguen siendo figuras centrales en la industria cosmética. Su capacidad para llegar a grandes audiencias y crear tendencias es inigualable.

Los *influencers* a menudo crean contenido en forma de tutoriales y *reviews*, que educan a los consumidores sobre cómo usar los productos, y muestran resultados reales. Esto no solo genera interés, sino que también construye confianza en la marca.

Los consumidores perciben a los *influencers* como personas accesibles y auténticas, lo que facilita la identificación y la confianza. Los *influencers* que comparten sus rutinas de belleza diarias y experiencias personales con productos cosméticos pueden influir significativamente en las decisiones de compra.

Un ejemplo es #FentyBeautyHouse. Las colaboraciones entre marcas de cosméticos e *influencers* son una estrategia popular. Por ejemplo, la colaboración de Fenty Beauty con Rihanna ha sido un éxito rotundo, debido a la autenticidad y el alcance de la cantante.

Fenty Beauty, la marca de cosméticos fundada por Rihanna lanzó la campaña #FentyBeautyHouse en TikTok, creando una casa de contenido con *influencers* populares. Estos creadores de contenido produjeron vídeos utilizando productos de Fenty Beauty, demostrando su uso y resultados en tiempo real. La campaña generó millones de vistas y una gran interacción, aumentando significativamente la visibilidad de la marca entre los usuarios de TikTok.

Utilizar *influencers* para crear contenido auténtico y atractivo, permite a los consumidores ver los productos en acción y generar interés orgánico.

Figura 3.4
SCREENSHOT DE TIKTOK SOBRE #FENTYBEAUTYHOUSE

Fuente: @fentybeauty en TikTok

COMUNIDADES EN LÍNEA Y REDES SOCIALES

Las comunidades en línea, incluidas las redes sociales y los foros de discusión, son lugares donde los consumidores comparten experiencias, opiniones y consejos sobre productos cosméticos. Entre estas comunidades se encuentran foros de discusión, que son plataformas y foros especializados en belleza que permiten a los usuarios intercambiar opiniones y consejos sobre productos. Estas discusiones pueden influir en las decisiones de compra al proporcionar información detallada y experiencias de primera mano.

También se incluyen grupos de Instagram y TikTok. Los grupos y páginas dedicados a la belleza permiten a los miembros compartir recomendaciones y experiencias, organizar eventos en línea y realizar compras conjuntas. Y, por último, las reseñas en plataformas de comercio electrónico como Amazon y Sephora son de gran relevancia. Las calificaciones y comentarios de otros usuarios pueden ser decisivos en la decisión de compra de un producto cosmético.

GRUPOS PROFESIONALES Y EXPERTOS

Los dermatólogos, esteticistas y otros profesionales del cuidado de la piel y la belleza son considerados fuentes de autoridad y conocimiento en el ámbito cosmético. Las recomendaciones de productos por parte de dermatólogos y esteticistas pueden influir fuertemente en los consumidores, especialmente en aquellos con problemas específicos de la piel. Las marcas que colaboran con profesionales de la salud para promover productos dermatológicamente probados tienden a ganar credibilidad.

La validación científica y las certificaciones de productos también juegan un papel importante. Los consumidores valoran los productos que han sido probados clínicamente y aprobados por expertos.

Los profesionales que comparten contenido educativo en plataformas como YouTube y blogs ayudan a los consumidores a comprender mejor los beneficios de los productos y a tomar decisiones informadas.

Los grupos de referencia en el sector cosmético en 2024 son diversos y tienen una influencia significativa en el comportamiento de compra de los consumidores. Desde familiares y amigos hasta *influencers*, comunidades en línea y profesionales, cada grupo aporta una dimensión única a la forma en que los consumidores descubren, evalúan y compran productos cosméticos. Las marcas que entienden y aprovechan esta dinámica pueden crear estrategias de marketing más efectivas y conectar de manera más profunda con sus audiencias objetivo.

3.4. GRUPOS DE PERTENENCIA

Teniendo en cuenta la definición de grupos de pertenencia como aquellos grupos de individuos que influyen directamente en el comportamiento de consumo, se puede analizar la presencia de estos grupos en el sector que se está estudiando. El entorno familiar es uno de los primeros y más importantes grupos de pertenencia que influyen en las decisiones de compra de cosméticos. Las preferencias y hábitos de belleza a menudo se transmiten de generación en generación, y las recomendaciones de los miembros de la familia son altamente valoradas. Las prácticas de cuidado de la piel y el cabello que se aprenden en el entorno familiar pueden influir en las preferencias de productos a lo largo de la vida. La confianza en las recomendaciones de familiares directos lleva a probar nuevos productos. Por ejemplo, una madre que recomienda una crema facial específica a su hija puede influir significativamente en su elección de productos.

El círculo social, compuesto por amigos y conocidos, es otro grupo de pertenencia clave. Las dinámicas sociales y la necesidad de aceptación dentro de un grupo pueden influir en las decisiones de compra de cosméticos. Las tendencias de belleza y moda que circulan en un grupo de amigos pueden llevar a la adopción de nuevos productos. Por ejemplo, si un grupo de amigas empieza a usar una marca específica de maquillaje, es probable que otras del mismo grupo sigan la tendencia. Los eventos sociales, como fiestas y reuniones, a menudo requieren un arreglo especial, lo que puede influir en la compra de productos cosméticos específicos.

En 2024, las redes sociales y las comunidades en línea se han consolidado como grupos de pertenencia de gran importancia. Las plataformas digitales permiten la creación de comunidades globales donde los usuarios comparten intereses y recomendaciones de productos. Las reseñas y testimonios en línea, así como las fotos y vídeos de usuarios reales utilizando productos cosméticos, influyen en las decisiones de compra y fomentan la lealtad a la marca.

4

COSMÉTICA: PROCESO DE COMPRA

4.1. INTRODUCCIÓN

Se ha realizado un estudio acerca de los hábitos de los hábitos de compra de cremas, colonias/perfumes, productos de afeitado y depilación y productos de higiene bucal, centrándonos básicamente en cinco puntos:

1. *Quién compra*. Es decir, quién realiza la compra de los productos analizados, así como un análisis del cambio de la tendencia imperante hasta el momento.

2. *Qué se compra*. En este apartado se analizarán los factores externos e internos que inducen a la compra, haciendo hincapié en el presupuesto de gasto de los hogares familiares destinado a la compra de los productos mencionados anteriormente.

3. *Por qué se elige un producto concreto*. En este punto se explicarán los factores que influyen a la hora de elegir una marca concreta dentro de los sectores analizados.

4. *Dónde se compra*. Es decir, en qué lugares se suele realizar la compra de los productos elegidos (cremas, colonias/perfumes, productos depilatorios/afeitado y productos de higiene bucal), explicando también los cambios en la tendencia de lugares de compra.

5. *Cuándo se compra*. En este apartado se explicará cuándo se suele realizar la compra de los productos escogidos, así como cuándo es más intensa dicha compra, realizando de esta forma una serie de matices a la línea general.

4.2. ¿QUIÉN COMPRA?

Es importante conocer los distintos roles que intervienen en la compra para procurar un mejor diseño de las campañas de marketing. El mercado de cosméticos en España está compuesto por un amplio espectro de consumidores que varían en edad, género y preferencias de productos. A continuación, se describe el perfil de los principales compradores de cosméticos en el país:

- Mujeres jóvenes (16-35 años)

  - Este grupo está altamente interesado en tendencias de belleza y moda. Las redes sociales, especialmente Instagram y TikTok, juegan un papel crucial en influenciar sus decisiones de compra.

  - Prefieren productos de maquillaje, cuidado de la piel y fragancias. Están dispuestas a probar nuevas marcas y productos innovadores.

  - Este grupo es muy activo en el comercio electrónico. Prefieren comprar en línea por la conveniencia y la posibilidad de comparar precios y leer reseñas.

- Mujeres adultas (35-55 años)

  - Este grupo da prioridad a los productos de cuidado de la piel y antienvejecimiento. Buscan productos que ofrezcan beneficios visibles y duraderos.

  - Tienen una mayor lealtad a las marcas que han utilizado durante años y que consideran confiables y efectivas.

  - Compran tanto en tiendas físicas como en línea. Valoran la experiencia de compra en tiendas donde pueden probar productos y recibir asesoramiento personalizado.

- Hombres jóvenes y adultos (18-55 años)

  - Hay un creciente interés en productos de cuidado personal, incluyendo cuidado de la piel, fragancias y productos para el cabello.

- Prefieren productos que sean fáciles de usar y multifuncionales.

- Compran tanto en tiendas físicas como en línea, pero tienden a investigar más sobre los productos antes de realizar una compra.

• Consumidores mayores de 55 años

- Este grupo se enfoca en productos antienvejecimiento y cuidado de la piel que aborden problemas específicos como arrugas y manchas.

- Prefieren marcas tradicionales y confiables. Tienen menos inclinación a probar nuevas marcas y productos.

- Prefieren comprar en tiendas físicas donde pueden recibir asesoramiento personal y probar productos.

4.3. ¿QUÉ SE COMPRA?

El hecho de comprar está condicionado por una serie de factores internos y externos que sirven para explicar qué se compra o cuál es la estructura del consumo de los hogares españoles, entre los que cabría citar los estilos de vida imperantes en la colectividad; la modernización y evolución del sistema económico; la distribución personal de la renta de los hogares; el afán de una sociedad de incrementar la posesión y disfrute de bienes y servicios existentes en el mercado, y el aumento del estatus social de la población.

La evolución de la distribución del gasto de los hogares muestra unos cambios profundos en los hábitos y en los comportamientos cotidianos de los españoles. Los grupos de bienes denominados de primera necesidad o supervivencia van perdiendo peso en la cesta de la compra para dar paso a otros grupos como vivienda, transportes y comunicaciones y otros bienes y servicios.

También se han producido unas modificaciones en los hábitos y comportamientos del consumidor motivados por la aparición de las grandes concentraciones urbanas; por la integración de la mujer en el mundo laboral; por la apertura de nuestra economía y de nuestros modelos culturales al exterior; por el aumento del nivel de estudios, y por el incremento del tiempo libre.

Centrándonos en las colonias, a la hora de elegir el producto sí se tiene en cuenta el precio, tendiendo a escoger aquel que es más barato y que a su vez nos agrade el aroma que desprende (Nenuco, S3…). Por el contrario, en el perfume, el hecho de que nos guste el aroma y este sea más duradero, así como la marca (que te puede proporcionar la apariencia de pertenencia a un determinado estatus social), son factores que van a influir más que el factor precio en la elección de un determinado perfume u otro. La compra de perfumes suele darse mayoritariamente en las clases sociales medias y altas, mientras que en las clases sociales bajas no existe partida presupuestaria suficiente para destinar a perfumes, sino que se limitan a productos de higiene básicos como gel, champú, desodorante, dentífricos…

Figura 4.1
IMAGEN PERFUME CLINIQUE SIMPLY

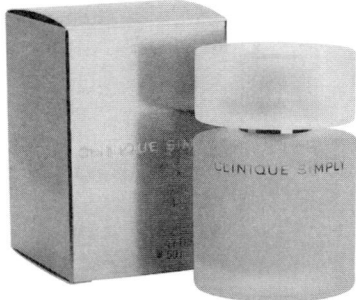

Fuente: clinique.com

En cuanto a las cremas, se tiende a buscar, al realizar su compra, un precio medio, puesto que una crema muy barata crea dudas al consumidor sobre los posibles efectos negativos que podría provocar para su piel. Dependiendo del tipo de crema, estas suelen ser utilizadas por casi todos los hogares (cremas hidratantes, nutritivas), o bien solo por aquellos en los que el presupuesto familiar para esos productos pueda ser mayor (crema anticelulítica, antiojeras...).

FIGURA 4.2
LÍNEA DE PRODUCTOS VICHY

Fuente: vichy.cl

Por su parte, para la compra de pastas de dientes, al considerarse un bien de primera necesidad y de precio bajo, la partida presupuestaria de todas las familias españolas suele ser más o menos la misma. El gasto en productos de higiene bucal se ve aumentado en aquellas familias de mayor poder adquisitivo con productos complementarios a la pasta de dientes (seda dental, enjuagues bucales), así como con pastas de dientes que incorporan funciones y se dirigen a sectores distintos de la población (pastas blanqueadoras, con sabores para los niños, para los dientes y encías sensibles, para dientes postizos).

En cuanto a los productos de afeitado y depilación, la clase social del usuario va a ser de gran importancia en la compra del producto. Las clases sociales bajas se inclinan hacia los productos desechables y a una utilización menos frecuente de esos productos, mientras que a medida que el poder adquisitivo aumenta el presupuesto que se dedica a esos productos es mayor (maquinillas de afeitar más avanzadas, cremas depilatorias con olor, productos para decolorar el vello, cera para diferentes partes del cuerpo).

Figura 4.3
PASTA DE DIENTES LICOR DEL POLO

Fuente: licor-del-polo.com

Figura 4.4
PRODUCTO GILLETE MACH 3

Fuente: gillete.es

4.4. ¿POR QUÉ SE ELIGE UN PRODUCTO EN CONCRETO?

La toma de la decisión de compra es un acto individual condicionado por factores como la percepción, la experiencia o la personalidad. También hay que tener en cuenta las necesidades concretas del usuario, que, dependiendo de estas, elegirá un determinado bien o línea (por ejemplo, crema para pieles sensibles o para pieles grasas). De ahí que las distintas marcas operantes en el mercado lancen distintas líneas de productos para abarcar una mayor parte del mercado.

Para los productos de los sectores de nuestro análisis destacan cinco factores como los más valorados por sus usuarios: la experiencia obtenida de los bienes habitualmente adquiridos, la fiabilidad de determinadas marcas, las compras de productos nuevos o de moda, nuevos productos analizados en prensa y la elección de productos conocidos publicitariamente; si bien cada uno de estos factores influye de diferente manera en la compra de los distintos productos.

A la hora de elegir una determinada colonia, los factores más determinantes son el precio, su composición, aroma y frescura, así como la fiabilidad de determinadas marcas como Sanex, Nenuco, Lancôme, etc., que llevan varios años en el mercado.

FIGURA 4.5
PERFUME DE LANCÔME

Fuente: lancome.com

La decisión de la compra de una colonia suele ser puramente individual por el usuario de esta, es decir, no se busca el consejo externo, aunque en el caso de colonias infantiles y de colonias familiares es la madre quien habitualmente decide la colonia que se va a comprar.

Cuando una persona se dispone a comprar un perfume, aunque la decisión final dependa de que individualmente le resulte agradable, se suele pedir consejo a familiares, amigas, etc. (en especial cuando se compran para regalo) al mismo tiempo que uno se deja llevar por las sensaciones que le transmite el aroma del perfume, siendo muy importantes las muestras de productos.

Hoy en día muchos de los perfumes llevan el nombre de algún diseñador de moda (Carolina Herrera y Giorgio Armani). La ropa de estos diseñadores suele ser cara y normalmente ofrecen perfumes de distintas líneas, aunque siempre a un precio medio-alto. Las compradoras de dichos perfumes no solo buscan un olor agradable, sino que también realizan su compra para sentirse dentro de un nivel o estatus social o de una determinada moda.

Todos estos elementos se ven reflejados en su publicidad, siendo por lo general anuncios que transmiten elegancia, seducción, pasión, sensualidad, poder y diferenciación. Es decir, apelan a los sentimientos y emociones que el consumidor busca y desea alcanzar.

En cuanto a las cremas, el primer factor que es importante a la hora de elegirlas es la experiencia, es decir, conocer el producto. Para ello las distintas marcas suelen dar muestras para dar a conocer los nuevos productos y sus efectos, estas muestras pueden encontrarse en las revistas de moda, en las perfumerías o como regalos cuando se realiza la compra de esa misma marca, pero de productos que lleven más tiempo en el mercado (por ejemplo, compras una colonia y te regalan una crema hidratante de la misma línea). También se trata de incitar a la compra ofreciendo promociones o descuentos sobre la compra de una determinada crema; muchas veces en las revistas se encuentran cupones o vales para presentar a la hora de la compra.

Por su parte, la fiabilidad de las marcas en el segmento de las cremas es decisiva, porque son bienes que pueden afectar a la salud, en concreto, al bienestar de la piel. Para ello realizan campañas en las que explican que el producto esta clínicamente testado, que se ha llevado a cabo una investigación a través de laboratorios de reconocido prestigio, y en sus envases suelen aparecer distintivos de calidad garantizada por algún instituto autorizado. La fiabilidad se ve a su vez reforzada por anuncios, como es el caso de Biotherm, en los que los máximos responsables de la empresa, ayudados por un lenguaje técnico-científico, certifican y explican todos los avances que supone la aplicación de su crema para el mejor cuidado de la piel, y ofrecen testimonios de supuestas usuarias satisfechas con el producto, mostrando el antes y el después.

También los compradores de cremas se fijan mucho en la composición del producto, así como en el folleto explicativo sobre su utilización. Esta información se suele facilitar tanto en el envase como en anuncios publicitarios, donde también es común que se haga referencia a la posibilidad de encontrar dicha crema en las farmacias como garantía de salubridad.

La publicidad de las cremas suele hacerse con modelos, si bien se tiende a que aparezcan con una imagen más natural y en un ambiente no tan recargado como en los anuncios de perfumes. Además, las modelos, sobre todo en los últimos tiempos, han de cumplir determinados requisitos dependiendo del tipo de crema que anuncien. Los consumidores buscan encontrar modelos que los lleven a pensar que han tenido la misma necesidad que ellas mostrando su mejor cara tras el tratamiento con esa crema, aunque todavía la mayoría de las cremas se anuncian con modelos jóvenes independientemente de que se trate de productos destinados a personas mayores, como las cremas antiarrugas.

FIGURA 4.6
MARÍA POMBO Y CLARINS

Fuente: ipmark (2024 b)

4.5. ¿DÓNDE SE COMPRA?

El mercado de cosméticos en España ha experimentado importantes cambios en los canales de distribución en 2024. La pandemia de COVID-19 aceleró ciertas tendencias, como el aumento de las compras en línea, pero también ha habido una evolución en los canales tradicionales de venta. A continuación, se detallan los principales lugares donde los consumidores compran cosméticos en España y los cambios significativos en la distribución que han ocurrido este año. Los principales canales de compra de cosméticos en España son:

- *Perfumerías y tiendas especializadas*. Las perfumerías y tiendas especializadas en belleza y cuidado personal siguen siendo una opción popular para los consumidores que buscan asesoramiento personalizado y la posibilidad de probar productos antes de comprarlos. Ejemplos: Sephora, Douglas y Druni.

- *Grandes almacenes*. Los grandes almacenes como El Corte Inglés ofrecen una amplia gama de productos de belleza y cosmética, combinados con una experiencia de compra de lujo. Estos establecimientos atraen a consumidores que buscan marcas *premium* y servicios adicionales, como asesoramiento personalizado y eventos especiales.

- *Farmacias y parafarmacias*. Las farmacias y parafarmacias han visto un aumento en la demanda de productos cosméticos, especialmente aquellos relacionados con el cuidado de la piel y productos dermatológicos.

- *Plataformas de comercio electrónico*. La compra de cosméticos en línea ha crecido significativamente. Las plataformas de comercio electrónico permiten a los consumidores comparar precios, leer reseñas y comprar desde la comodidad de sus hogares. Por ejemplo, Amazon, Primor y tiendas en línea de grandes marcas.

- *Webs y apps de marcas propias*. Muchas marcas han mejorado sus propios sitios web y aplicaciones móviles para ofrecer una experiencia de compra directa al consumidor. Esto no solo mejora la conveniencia, sino que también permite a las marcas recopilar datos valiosos sobre sus clientes.

- *Supermercados e hipermercados*. Los supermercados e hipermercados han ampliado sus secciones de belleza y cuidado personal para satisfacer la demanda de productos accesibles y convenientes. Como, por ejemplo, Mercadona, Carrefour y Lidl.

4.6. ¿CUÁNDO SE COMPRA?

Con la mayoría de los cosméticos la compra se realiza cuando se agotan. En España, la compra es habitual que se realice semanalmente y sobre todo los viernes y sábados. Lo común es que los viernes se acuda a los supermercados y tiendas de barrio, mientras que los sábados se acude a grandes superficies. En cuanto a la compra *online*, los fines de semana suele ser cuando más afluencia se aprecia.

Si bien las cremas, productos de higiene bucal y las colonias suelen ser de uso diario, cabe realizar una serie de matizaciones sobre cuándo son las épocas de mayor compra de estos productos:

1. En relación con los productos de higiene bucal, colonias y cremas, su compra es uniforme durante todo el año, es decir, son bienes de primera necesidad cuya adquisición se incluye en las listas de la compra cuando se agotan. Su compra es independiente que se realice en supermercados o grandes superficies, por lo que se realizará en viernes o sábados. Si se trata de colonias de marcas menos comunes, se deberá acudir a las grandes superficies o a las perfumerías.

2. En cuanto a los perfumes, los picos de mayor venta son en Navidades, Black Friday, Ciber Monday, Día de la Madre/Padre, puesto que son asequibles y gustan como regalo. Prueba de ello es que las campañas publicitarias son más intensivas en estas épocas del año que durante el resto del año. Además, las grandes superficies y los centros especializados en estos productos realizan anuncios y paquetes que incluyen el perfume y otros productos de la misma marca (como, por ejemplo, hidratantes).

3. Por otro lado, con los productos depilatorios femeninos se producen dos hechos significativos:

   • Son productos cuyos efectos son de larga duración (sobre todo el de la cera), lo que produce que su uso no sea diario como los anteriores y, por tanto, su compra se prolongue en el tiempo.

   • Su compra es más intensa en verano, como lo demuestra que las campañas publicitarias sean agresivas durante este periodo, siendo casi nulas durante el resto del año.

4. En contraposición con los productos depilatorios femeninos, los productos de afeitado se usan diariamente por los hombres, por lo que su adquisición se añade a la lista de compra semanal cuando se agotan y su compra se mantiene uniforme durante todo el año.

5

COSMÉTICA: TENDENCIAS DE CONSUMO

5.1. INTRODUCCIÓN

La sociedad española está cambiando rápidamente. El incremento de población inmigrante, la ampliación de la esperanza de vida y la disminución de la tasa de natalidad, la reducción de miembros en cada familia, el aumento de hogares unipersonales, el retraso de la salida de los hijos del hogar hasta más de los 30 años en muchos casos, la incorporación de la mujer al trabajo… son factores que se han ido produciendo durante los últimos años y que están influyendo decisivamente en el consumo de productos y servicios. Y a estos factores, puramente sociodemográficos, pueden añadirse otros cualitativos, como unos consumidores cada vez más críticos, informados y exigentes, cuyos nuevos hábitos de vida les hacen preferir en muchos casos productos más funcionales y más variados… En suma, que les aporten mayor calidad de vida.

Estos factores hacen que resulte absolutamente necesario observar los cambios que se producen en los consumidores españoles para comprender las tendencias de los grandes mercados de consumo y preparar las marcas para el futuro. Son numerosos los cambios sociodemográficos y cualitativos que obligan a los fabricantes y a la distribución a desarrollar productos dirigidos a los nuevos *targets* de consumidores.

El comportamiento del consumidor está determinado, aparte de por sus factores internos, por otros factores externos económicos, sociales y culturales que marcan la tendencia actual. Entre ellos se ponen de relieve los siguientes:

En primer lugar, hay más consumidores. Son nuevos consumidores con necesidades y gustos concretos.

La población española que venía envejeciendo por el aumento de la esperanza de vida y la reducción de la natalidad, ha cambiado por el incremento de hijos de madres extranjeras. La edad media de maternidad está ahora por encima de los 31 años, y para el año 2050 se proyecta que el 35% de la población tendrá más de 50 años. Actualmente, el 17,1% de la población, unos siete millones de personas, tiene más de 65 años, según el INE. Y el alargamiento de la vida se acompaña de una mejora del estado de salud a todas las edades. Son unos consumidores que exigen productos diferentes y específicos, pues tienen más tiempo de ocio y poder adquisitivo.

También se reduce el número de miembros por familia. En la actualidad el promedio no supera las tres personas por hogar, cuando hace poco más de 30 años esta media estaba situada en casi cuatro miembros. Muchos hogares son de una sola persona, y cada vez hay menos de cinco o más. Los productos también deben adaptarse a estas circunstancias, con presentaciones, tamaños y variedades dirigidas a estos hogares.

La incorporación de la mujer al trabajo influye mucho en este cambio, pues ya son más del 53% de la población activa. Estas mujeres deben hacer frente a las obligaciones profesionales y del hogar, lo que afecta necesariamente a sus hábitos de consumo.

También pueden señalarse otros cambios más cualitativos que influyen claramente en las tendencias de mercado. Los consumidores son más críticos, más informados, más exigentes y reflexivos en sus compras. Cada vez resulta más complicado convencerlos y hacerles comprar lo que no necesitan. También son más sensibles a productos con valor añadido e innovadores.

Así mismo, los consumidores conocen y valoran las instituciones públicas y privadas de protección al consumidor. Valoran positivamente su labor, pero solo van a acudir a ellas cuando les surja un conflicto y no lo puedan resolver a nivel individual. Este tipo de organizaciones ejercen una gran labor dentro del sector de la cosmética. Un ejemplo son las denuncias presentadas por estas organizaciones en materia de publicidad sexista, utilización de animales en la elaboración de cosméticos, alertas sobre efectos secundarios que puedan producir los productos cosméticos, advertencias sobre la publicidad engañosa…

En cuanto al perfil del consumidor actual se puede añadir que, definiendo a grandes rasgos la sociedad española y destacando los sentimientos más comunes, se podría decir que los españoles estamos preocupados por la salud/ satisfechos con la casa donde viven/ buen estado de ánimo/ relaciones sociales frecuentes/ evaluación del mundo baja/ materialistas en los objetivos nacionales/ felices/ identificados con espacios subnacionales.

Los jóvenes consumidores se caracterizan por tener de todo, con lo cual prefieren socializarse a consumir. Las tendencias consumistas están basadas en la homogenización que conllevan las modas o tendencias que parece ser afectan a todos los jóvenes a la vez y por igual. Compran, sobre todo, maquillaje multifuncional: BB creams, correctores y bases ligeras; productos de tendencia: labiales mate, delineadores líquidos y sombras de ojos vibrantes. En la categoría de cuidado facial, productos naturales y orgánicos: cremas hidratantes, limpiadores faciales y tratamientos antiacné y protectores solares con beneficios adicionales como hidratación y antienvejecimiento.

Los pequeños consumidores son considerados clientes potenciales que hay que ir ganándose desde el principio. La vida de los pequeños también ha cambiado con la nueva sociedad; ahora pasan menos tiempo en casa, se socializan y autoeducan más y como consecuencia son cada vez más exigentes.

La industria de la cosmética es consciente del potencial del sector infantil y de la creciente presión ejercida por los niños. Aunque estos no sean los compradores directos de los productos, participan cada vez con más intensidad en el proceso de compra. Los niños pasan cada vez más tiempo delante de dispositivos, conocen a la perfección los principales productos y sus marcas.

Como puede comprobarse en el anuncio de Elvive de Loréal, en la nueva era del marketing y sobre todo en el mundo de la cosmética se tiende a ofrecer productos cada vez más específicos, e incluso gamas enteras. Para cada problema concreto hay una solución: pelo liso, rizado, encrespado, con tendencia grasa…

Figura 5.1

IMAGEN PRODUCTOS ELVIVE

Fuente: loreal-paris.es

El consumidor del siglo XXI es cada vez más exigente y busca productos más personalizados, así el mensaje del anuncio es: «Cada tipo de cabello es único. Descubre el cuidado a su medida». Por su parte, las empresas utilizan a modelos y actrices de reconocido prestigio para conseguir que sus productos terminen en nuestros hogares.

Las empresas ya no buscan satisfacer las necesidades de sus consumidores, sino anticiparse creando unas nuevas. Estas buscan expandir sus mercados buscando nuevas oportunidades de venta. De esta manera aparecen productos nuevos constantemente. Por ejemplo, Magic Retouch.

La frecuencia de teñido del cabello para cubrir canas y raíces visibles es un problema común. L'Oréal identificó la necesidad de una solución temporal y fácil de usar para extender el tiempo entre tintes. Magic Retouch es un espray que cubre instantáneamente las raíces visibles con una fórmula ligera y de secado rápido. Disponible en varios tonos para adaptarse a diferentes colores de cabello. L'Oréal lanzó campañas publicitarias en televisión y plataformas digitales, destacando la conveniencia y eficacia del producto.

Utilizó a *influencers* de belleza para demostrar el uso del producto y su eficacia, aumentando la credibilidad y el alcance. Magic Retouch se convirtió rápidamente en uno de los productos más vendidos de L'Oréal debido a su innovación y la fuerte demanda del mercado. Los consumidores elogiaron la facilidad de uso, la cobertura efectiva y la amplia gama de tonos disponibles, lo que resultó en altas tasas de satisfacción y repetición de compra. El éxito de Magic Retouch de L'Oréal se debe a una combinación de identificación precisa de las necesidades del consumidor, innovación en el producto y estrategias de marketing efectivas. Su capacidad para proporcionar una solución rápida y práctica a un problema común ha conectado fuertemente con los consumidores, consolidando su posición como un producto imprescindible en la rutina de belleza diaria.

Figura 5.2
IMAGEN MAGIC RETOUCH

Fuente: loreal-paris.es

5.2. COSMÉTICA FEMENINA

Cada día se está más sometido a un bombardeo continuo de imágenes de mujeres con rostros muy atractivos: en redes sociales, en televisión y en revistas, se imitan sus estilos de peinado y maquillaje, pero en la mayoría de las ocasiones nos es difícil conseguir el efecto deseado.

Los anuncios de cosméticos (cremas, maquillajes…) nos prometen acercarnos a esos cánones de belleza, lo que resulta harto difícil teniendo en cuenta que las mujeres que aparecen en esos anuncios son modelos cuya belleza está muy por encima de la media.

Sin embargo, esos anuncios se valen de la preocupación de la mayoría de las mujeres, sobre todo a partir de una cierta edad, por parecer atractivas a los ojos de los demás y a los suyos propios (necesidad de ser aceptado, de ser el centro de atención…). Incluso en ocasiones lograr un trabajo va unido a tener un determinado aspecto que ayudan a conseguir estos productos de belleza.

El arte de aplicar productos cosméticos para la higiene, el cuidado y el embellecimiento del cuerpo es legendario. Fue en la época egipcia cuando la fabricación de productos cosméticos alcanzó su mayor esplendor. Las mujeres egipcias usaban tónicos para la piel y capilares, ungüentos y un sinfín de preparados, casi todos ellos compuestos de leche de burra, harinas, levaduras, miel, arcilla y aceites, para resaltar sus puntos fuertes.

En tiempos de Grecia y Roma, las mujeres privilegiadas ya empleaban todo tipo de productos para colorear su cuerpo. Eran en su mayoría cosméticos muy primitivos confeccionados a partir de productos naturales. A finales del siglo XX, con el desarrollo de la industria química, la cosmética ya es de uso común y ha terminado por extenderse a todas las capas sociales.

Aunque todo el cuerpo es susceptible de someterse a cuidados, mujeres y hombres ponen especial atención en mantener atractivas determinadas zonas como la cara, las manos o el cabello, más expuestas a la mirada de los demás.

Limpiadoras, sérums, brumas, bronceadores, aceites, cremas hidratantes, tónicos, nutritivas, antiarrugas, desodorantes y acondicionadores son, entre otros, el elenco de productos «mágicos» que nos ayudan a resaltar nuestra belleza y a sentirnos bien con nosotros mismos.

FIGURA 5.3
BANNER FRESHLYCOSMETICS

Fuente: freshlycosmetics.com

Dentro del mercado, las cremas y tratamientos específicos para arrugas y firmeza son las reinas de la cosmética femenina. Con la edad, la piel pierde capacidad de retener agua, por lo que su elasticidad queda comprometida. Esto hace que el empleo de estas cremas sea necesario y recomendable. Además de las hidratantes, las cremas antiarrugas y las nutritivas en general contribuyen a retardar la aparición de las temidas arrugas.

En 2023, las mujeres en España continúan siendo las principales consumidoras de productos cosméticos, mostrando una fuerte preferencia por el maquillaje y el cuidado de la piel. Entre los productos más populares se encuentran las bases y correctores, que ayudan a unificar el tono de piel y ocultar imperfecciones, las máscaras de pestañas para realzar la mirada, y los labiales, especialmente en tonos mate y de larga duración. En cuanto al cuidado de la piel, las hidratantes y sérums con ingredientes activos como el ácido hialurónico y la vitamina C son muy demandados, junto con los protectores solares de amplio espectro y los productos antienvejecimiento, que incluyen cremas y tratamientos específicos para arrugas y firmeza. Además, en el cuidado del cabello, las mujeres optan por champús y acondicionadores adaptados a diferentes tipos de cabello, incluyendo productos sin sulfatos, así como tratamientos capilares como mascarillas, aceites y sérums.

En resumen, las preferencias de compra de cosméticos en España en 2023 están marcadas por la búsqueda de productos eficaces, convenientes y sostenibles, con una inclinación creciente hacia las compras en línea y una mayor conciencia sobre la composición y el impacto ambiental de los productos.

A continuación, se van a analizar algunas campañas dirigidas al mundo femenino.

Charlotte Tilbury busca empoderar a las mujeres a través de la belleza, promoviendo la idea de que el maquillaje no solo transforma la apariencia, sino también la confianza y el espíritu. La campaña se centra en hacer que las mujeres se sientan hermosas, poderosas y capaces.

La campaña promueve la idea de que cada mujer puede sentirse como una estrella de cine con los productos de Charlotte Tilbury. El eslogan *«Give a woman the right makeup and she can conquer the world»* refuerza esta idea. La marca utiliza testimonios y transformaciones de mujeres reales para demostrar cómo el maquillaje puede impactar positivamente su vida. Las campañas incluyen historias detrás de las escenas y entrevistas con figuras inspiradoras, creando una narrativa rica y envolvente. Muestran historias de mujeres reales que han experimentado una transformación positiva con los productos de la marca. Involucran a la audiencia con desafíos de maquillaje y campañas virales que incentivan la participación y el contenido generado por usuarios.

Otro ejemplo que se puede analizar sería el de Estée Lauder.

FIGURA 5.4
PRESENTACIÓN NUEVA LÍNEA CHARLOTTE TILBURY

Fuente: bloomingdales.com/shop

FIGURA 5.5
BANNER PUBLICITARIO MODERN MUSE

Fuente: esteelauder.es

La campaña de Estée Lauder protagonizada por Kendall Jenner busca rejuvenecer la imagen de la marca, conectando con una audiencia más joven y diversa. Al utilizar a Jenner, una figura influyente y relevante en las redes sociales, Estée Lauder pretende fusionar su legado de lujo con la frescura y modernidad que Jenner representa. Kendall Jenner, conocida por su éxito en el modelaje y su gran influencia en redes sociales, representa una figura aspiracional para muchas mujeres jóvenes. Su presencia en la campaña genera un deseo de emular su estilo y confianza. Jenner, a pesar de su fama, es percibida como accesible y auténtica por sus seguidores, lo que permite a las consumidoras sentirse más cercanas a la marca.

La campaña utiliza imágenes y vídeos de alta calidad que combinan el *glamour* clásico de Estée Lauder con la frescura moderna que aporta Jenner. Los colores vivos y la iluminación resaltan la juventud y vitalidad. Las escenas van desde momentos cotidianos hasta eventos glamurosos, mostrando la versatilidad de los productos y su relevancia en diferentes contextos de la vida de una mujer moderna.

La campaña promueve la idea de que la belleza externa refleja la confianza interna. Los mensajes destacan cómo los productos de Estée Lauder pueden ayudar a las mujeres a sentirse más seguras y poderosas en su piel. Aprovechando la gran presencia de Jenner en plataformas como Instagram, X y TikTok, la campaña maximiza el alcance y el *engagement* con el público joven.

5.3. COSMÉTICA MASCULINA

Los hombres se han lanzado de lleno a la cosmética. El concepto de masculinidad ha dado un giro, y desde la década de los años noventa los hombres han empezado a cuidarse y preocuparse por su estética, una faceta hasta entonces reservada a las mujeres.

El 75% de los hombres españoles reconoce preocuparse por el cuidado de su piel. Muestran un interés creciente en productos de cuidado personal y cosméticos. Los productos de afeitado, como espumas, geles y *aftershaves*, son esenciales en su rutina diaria. Los hombres también prefieren cremas hidratantes, especialmente aquellas diseñadas para pieles sensibles o propensas a la irritación, y limpiadores faciales adaptados a diferentes tipos de piel. Además, hay una demanda notable por hidratantes y protectores solares con fórmulas ligeras y no grasas. En el cuidado del cabello, los champús y acondicionadores para uso diario y problemas específicos como la caspa son populares, así como productos para la barba, como aceites y bálsamos para el cuidado y estilizado.

Están incrementando sus compras en plataformas digitales debido a la conveniencia y variedad que ofrecen. Hay una clara tendencia hacia productos con ingredientes naturales y orgánicos, que refleja una creciente preocupación por la salud y el medioambiente. Asimismo, los consumidores valoran cada vez más las prácticas sostenibles y los envases reciclables, lo que está impulsando a las marcas a adoptar estrategias más ecológicas.

La belleza masculina se está convirtiendo cada vez más en objetivo prioritario del mercado de los cosméticos. Muchas firmas consideradas exclusivas para las mujeres desarrollan nuevos productos pensados especialmente para los hombres, que empiezan a preocuparse de su aspecto físico y a conocer los cuidados que más les convienen. Por eso, las grandes marcas tienen en cuenta las diferencias que existen entre la piel del hombre y la de la mujer y así lo reflejan en sus líneas de tratamiento.

Ellos prefieren sus cosméticos con una imagen contundente, refinados y con una acción precisa que garantice su eficacia. El hombre es un consumidor exigente. La industria de la estética ha sabido reaccionar pronto a esta demanda, y ha sabido incluso incentivarla a través del marketing.

Los primeros cosméticos que irrumpieron en el mundo de los hombres fueron los *aftershaves*. Hoy los hombres disponen de una variada oferta de lociones, geles, bálsamos y cremas que calman, suavizan y regeneran su piel. La industria cosmética ha logrado que estos productos ya no sean grasientos, sino que se absorban fácilmente y hagan frente tanto a la sequedad como a la tirantez.

El primer disparo lo hizo Guerlain en 1988 con su polvo compacto para hombres Terracotta pour Homme, empaquetado en un bote para parecer una crema de afeitar tradicional.

Clarins y Lancôme lanzaron sus propias líneas masculinas, pero quien dio la campanada fue Jean Paul Gaultier. Los resultados de esta gama de cosmética están siendo muy buenos y los consumidores están encantados con esta nueva línea. El diseñador afirma que «la ropa no hace masculino al hombre. Su masculinidad la lleva en la mente».

Considerando las cifras de ventas en el sector masculino se puede ver cómo se ha incrementado el número de hombres preocupados por su imagen.

Nadie duda de que los hombres están cada vez más interesados en su cuidado personal, dato que corroboran multitud de estudios que, año tras año, reflejan cómo los hombres comienzan a gastarse el dinero en productos hasta ahora impensables.

En España, un país principalmente de corte tradicional, un 40% de los españoles ya admite que utiliza productos cosméticos, y tan solo un 6% los considera «cosa de mujeres».

Ellos consideran que la edad, el cansancio o el estrés son los factores que más afectan al estado de la piel. Sin embargo, consideran que factores como no hacer ejercicio, fumar o beber alcohol afectan poco o nada a la piel. En este sentido, los españoles discrepan de los europeos, que sí que consideran que la contaminación y el tabaco afectan especialmente a su piel.

Pero una cosa es la preocupación y otra la acción. No todos los hombres ponen un remedio para solucionar estos problemas de su piel. Así, con respecto a la limpieza facial, solo el 62% de los encuestados utiliza algún producto específico cuando se lava la cara para completar el efecto del agua. Y, es más, está extendido el uso de productos no específicos para el rostro a la hora de lavarse la cara.

Por último, hay que reseñar que las tendencias de consumo masculinas a la hora de la compra parten de la personalidad de cada sujeto y del posicionamiento que tengan en esto los productos en su mente, los objetivos que tenga y sus estilos de vida.

Cuando entran en una perfumería siempre compran algo, y suele ser lo más caro. Son fieles a los productos que habitualmente usan, no son partidarios de experimentar con nuevos productos. Saben lo que quieren.

En cuanto a las tendencias que se han observado en la actualidad en el consumo masculino se puede hablar de:

- *Tendencia a lo natural, hacia la naturaleza:* la naturaleza, que venía siendo olvidada de alguna manera como tributo a la industrialización y al progreso, intenta recobrar un papel prioritario favorecido por la acción de numerosas asociaciones surgidas en la práctica totalidad del mundo desarrollado. La apelación a lo natural está siendo muy utilizada por las empresas en sus comunicaciones publicitarias, un ejemplo claro de esto es la forma de anunciar los productos del cuidado de la piel para ambos sexos.

- *Tendencia a mejorar el aspecto y la apariencia física:* La imagen ya no es un aspecto privativo. A todos nos preocupa transmitir una adecuada imagen, y en este sentido el culto al cuerpo y a la mejora de la apariencia física es una realidad cada vez más extendida entre los españoles, tanto entre los jóvenes como los maduros.

Los cambios en la alimentación, en las bebidas, la popularización de los gimnasios, la atracción de los productos de higiene y cosmética constituyen manifestaciones muy claras de esta preocupación por la apariencia y la imagen personal. Se trata de hacer que el cuerpo parezca agradable, pero también se trata de reconstruir la apariencia juvenil.

Como conclusión, se puede añadir que tradicionalmente, el cabello y el afeitado eran las principales preocupaciones estéticas masculinas. Los hábitos de belleza de los hombres y su relación con el mundo de la cosmética se limitaban a productos de higiene diaria: gel, champú, desodorante y colonia.

Actualmente, los cuidados faciales y corporales no son solo asunto de mujeres, los hombres lo saben muy bien. Ellos, cada vez, se cuidan más, han entrado de lleno en el mercado de la cosmética masculina y no tienen ningún prejuicio a que una mujer les asesore sobre los productos adecuados a su piel y cabello. Saben que estos cuidados son necesarios e imprescindibles a diario.

El sector de los cosméticos masculinos ha evolucionado mucho en los últimos años, ahora la profundidad y gama de productos para el hombre es mucho mayor. Esta evolución ha venido causada por el desarrollo de la cultura y el consiguiente cambio en las tendencias o pautas de consumo.

Para finalizar este apartado se van a ilustrar dos ejemplos de campañas dirigidas al mercado masculino.

La campaña de L'Oréal Men Expert está diseñada para posicionar la línea de productos como la solución definitiva para las necesidades específicas de cuidado personal de los hombres modernos. El objetivo es aumentar la conciencia de marca y la adopción de productos entre los hombres, especialmente aquellos que buscan productos eficientes y adaptados a su estilo de vida activo. La campaña se dirige principalmente a hombres de entre 18 y 45 años que valoran tanto la eficacia de los productos como la conveniencia. Este grupo incluye a profesionales jóvenes, deportistas y hombres interesados en mantener una apariencia cuidada. La segmentación también abarca a aquellos preocupados por el envejecimiento y el cuidado de la piel.

El mensaje de la campaña se centra en la idea de que los hombres pueden tener productos específicos que satisfagan sus necesidades diarias de cuidado personal sin complicaciones.

La campaña anima a los consumidores a compartir sus experiencias con los productos L'Oréal Men Expert en redes sociales usando *hashtags* específicos, lo que no solo aumenta la visibilidad, sino que también genera confianza a través de testimonios reales.

La campaña de L'Oréal Men Expert ha sido exitosa al identificar y satisfacer las necesidades específicas del mercado masculino a través de una combinación de segmentación precisa, estrategias de comunicación efectivas y productos innovadores. Al integrar tecnología avanzada y una fuerte presencia digital, la marca ha logrado captar y retener a su público objetivo, estableciéndose como un referente en el cuidado personal masculino.

Figura 5.6

BANNER PUBLICITARIO L'ORÉAL MEN EXPERT

Fuente: arenal.com

Otro ejemplo será la campaña de Invictus de Paco Rabanne.

La campaña de Invictus de Paco Rabanne ha logrado establecer una conexión emocional profunda con su audiencia a través de una serie de elementos cuidadosamente diseñados para sintonizar con los deseos y aspiraciones del consumidor masculino moderno. Desde su lanzamiento, Invictus ha destacado no solo por su fragancia, sino también por la narrativa y la imaginería asociadas a la marca. *Invictus*, que significa invicto en latín, centra su narrativa en torno a la idea de ser un vencedor imbatible. Esta temática conecta con los deseos internos de poder, éxito y reconocimiento. El héroe de la campaña es un atleta de élite, que simboliza fuerza, agilidad y triunfo. Esto genera aspiraciones y conecta emocionalmente con aquellos que buscan lograr grandes cosas en sus vidas personales y profesionales. Elementos como trofeos, laureles y cuerpos atléticos enfatizan el tema de la victoria y la superación personal, reforzando la conexión emocional con el consumidor.

FIGURA 5.7

BANNER PUBLICITARIO INVICTUS

Fuente: neo2.com

La campaña de Invictus de Paco Rabanne ha logrado crear una conexión emocional duradera con su audiencia a través de una narrativa poderosa, una estética visual impresionante y estrategias de marketing integradas. Al centrarse en los temas de victoria y poder, la campaña sintoniza profundamente con los deseos y aspiraciones de los consumidores, consolidando a Invictus como una marca emblemática en el mercado de las fragancias.

5.4. COSMÉTICA SOSTENIBLE

La sostenibilidad ha emergido como un factor crítico en la industria cosmética, influyendo significativamente en las decisiones de compra de los consumidores y en las estrategias de negocio de las empresas. El impacto de la sostenibilidad en la cosmética abarca varios aspectos, desde la formulación y producción de productos hasta el empaquetado y las prácticas corporativas.

A continuación, se explica el impacto y se ofrecen ejemplos concretos:

- **Preferencias del consumidor**

  - *Mayor demanda de productos sostenibles*. Los consumidores, especialmente los más jóvenes, están cada vez más preocupados por el impacto ambiental de sus compras. Buscan productos que sean naturales, orgánicos y libres de crueldad.

  - *Transparencia y confianza*. Las marcas que son transparentes sobre sus prácticas sostenibles ganan mayor confianza y lealtad de sus clientes. Los consumidores prefieren empresas que demuestren un compromiso genuino con la sostenibilidad.

- **Innovación en productos y fórmulas**

  - *Ingredientes naturales y orgánicos*. Las empresas están invirtiendo en la investigación y desarrollo de ingredientes naturales y orgánicos, minimizando el uso de químicos sintéticos y tóxicos.

  - *Formulación limpia*. La tendencia hacia fórmulas libres de parabenos, sulfatos y otras sustancias nocivas está en aumento.

- **Empaquetado ecológico**

  - *Materiales reciclables y biodegradables*. Las marcas están adoptando materiales de empaquetado reciclables, biodegradables o compostables para reducir el impacto ambiental.

  - *Reducción del plástico*. Hay un esfuerzo continuo por reducir el uso de plásticos y, cuando es necesario, utilizar plásticos reciclados o de origen vegetal.

- **Prácticas de producción y cadena de suministro**

  – *Producción eficiente*. Las empresas están implementando métodos de producción más eficientes en términos de energía y agua.

  – *Abastecimiento ético*. Las marcas están asegurando que sus ingredientes provengan de fuentes éticas y sostenibles, respetando tanto el medioambiente como las comunidades locales.

- **Responsabilidad social corporativa (RSC)**

  – *Iniciativas de RSC*. Muchas empresas están integrando la sostenibilidad en su RSC, apoyando proyectos ambientales y sociales que beneficien a las comunidades y al planeta.

A continuación, se van a presentar algunos proyectos de empresas del sector cosmético que son un reflejo de lo anteriormente expuesto.

L'Oréal

Programa «Sharing Beauty With All»: L'Oréal ha implementado un ambicioso programa de sostenibilidad con objetivos claros para reducir las emisiones de carbono, mejorar el perfil ambiental de sus productos y promover prácticas de abastecimiento sostenible.

Empaquetado sostenible: la marca ha lanzado productos con empaques hechos de materiales reciclados y reciclables.

FIGURA 5.8
BANNER PUBLICITARIO SHARING BEAUTY WITH ALL

Fuente: Revista VPC (2019)

The Body Shop

Ingredientes éticos: The Body Shop es conocido por su compromiso con el comercio justo y el abastecimiento ético de ingredientes naturales.

Cruelty-free: la marca ha sidc pionera en la lucha contra las pruebas en animales y promueve activamente productos libres de crueldad.

FIGURA 5.9
POST EN INSTAGRAM BODY SHOP

Fuente: @thebodyshop en Instagram.com

Aveda

Energía renovable: Aveda ut liza energía eólica para fabricar todos sus productos en EE. UU.

Envases reciclables: los empaques de Aveda están hechos con materiales reciclables, y la marca incentiva a los consumidores a reciclar sus productos.

FIGURA 5.10
IMAGEN PRODUCTOS AVEDA

Fuente: beautymarket.es

> Estos envases se han diseñado pensando en la sostenibilidad. Se han estudiado en detalle mediante una evaluación del ciclo de vida revisada por expertos, que ha calculado una reducción del 36-68% en el consumo de agua y del 37-64% en las emisiones.

5.5. COSMÉTICA VEGANA

La cosmética vegana ha ganado una considerable tracción en la industria de la belleza, impactando tanto en las decisiones de compra de los consumidores como en las estrategias de desarrollo de productos y marketing de las marcas.

A continuación, se explica el impacto de la cosmética vegana y se ofrecen ejemplos concretos de marcas que están liderando esta tendencia.

- **Cambio en las preferencias del consumidor**

  - *Mayor conciencia ética*. Los consumidores, especialmente los más jóvenes, están cada vez más preocupados por los derechos de los animales y la sostenibilidad. Buscan productos que no solo sean efectivos, sino que también estén alineados con sus valores éticos.

  - *Demanda creciente*. La demanda de productos veganos ha aumentado significativamente, impulsada por el deseo de evitar ingredientes de origen animal y las pruebas en animales.

- **Innovación en formulaciones**

  - *Desarrollo de ingredientes alternativos*. Las marcas están invirtiendo en investigación para desarrollar ingredientes de origen vegetal que puedan reemplazar los ingredientes de origen animal, sin comprometer la eficacia del producto.

  - *Enfoque en ingredientes naturales*. Los productos veganos a menudo también son naturales y orgánicos, lo que atrae a consumidores preocupados por los productos químicos y los ingredientes sintéticos.

- **Marketing y posicionamiento de marca**

    - *Diferenciación de mercado*. Las marcas veganas pueden diferenciarse claramente en el mercado, atrayendo a un nicho de consumidores leales y dispuestos a pagar más por productos éticos.

    - *Transparencia y autenticidad*. Las empresas que adoptan prácticas veganas suelen ser más transparentes sobre sus ingredientes y procesos de fabricación, lo que fortalece la confianza y la lealtad del consumidor.

Algunos ejemplos de marcas de cosmética vegana serían:

Lush

Productos hechos a mano: Lush ofrece una amplia gama de productos veganos, desde jabones y champús hasta mascarillas faciales. La marca es conocida por su compromiso con el medioambiente y los derechos de los animales.

FIGURA 5.11
IMAGEN PRODUCTOS LUSH

Fuente: lush.com

Campañas éticas: Lush también realiza campañas activas contra las pruebas en animales y apoya diversas causas ambientales y sociales.

Pacifica

Productos naturales y veganos: Pacifica ofrece una línea completa de productos de cuidado de la piel, maquillaje y fragancias que son veganos y a base de ingredientes naturales.

Compromiso con la sostenibilidad: la marca también se enfoca en el empaquetado sostenible y el abastecimiento ético de ingredientes.

FIGURA 5.12
IMAGEN PRODUCTOS PACIFICA

Fuente: douglas.es

La cosmética vegana está transformando la industria de la belleza al responder a las demandas de los consumidores éticamente conscientes y ambientalmente responsables. Las marcas que adoptan prácticas veganas no solo contribuyen positivamente al bienestar animal y al medioambiente, sino que también se posicionan como líderes en un mercado cada vez más competitivo y en evolución.

6

COSMÉTICA: ESTRATEGIAS DE MARKETING

6.1. COSMÉTICA Y PRODUCTO

Ante esta sociedad que cambia, y en un mercado que va respondiendo a los cambios sociales, resulta interesante analizar cuáles son las categorías y segmentos de productos con mayores y menores crecimientos. Para ello, Nielsen ha estudiado el crecimiento en el último año de 1.100 segmentos de productos de alimentación envasada y droguería/perfumería y los ha clasificado en tres grandes grupos: los dinámicos o emergentes, con más del 16% de incremento en volumen; los maduros, que crecen menos del 16%, y los regresivos, que han tenido retroceso en sus ventas. Los productos denominados maduros suponen el 59% de las ventas en valor, los regresivos representan el 21,6%, y los dinámicos aportan el 19,1% de las ventas en valor.

¿Cómo son estos productos dinámicos o emergentes que sin duda marcan las pautas de futuro crecimiento del mercado? En general cumplen tres condiciones fundamentales: innovación, pues contribuyen a ampliar la utilización de productos ya existentes y a crear nuevos segmentos de mercado, captan nuevos consumidores y aportan mayor valor añadido, que el consumidor acepta pagando un precio más elevado.

El consumidor valora especialmente las innovaciones que contribuyen a su comodidad, que ahorran tiempo, o los productos de droguería que facilitan el trabajo o aportan mayor eficacia. También destacan los productos que benefician la salud.

Nunca como ahora los fabricantes y la distribución se han ocupado por satisfacer las necesidades de sus consumidores ofreciéndoles la variedad y seguridad para sus familias que ellos requieren. Así, puede concluirse que la conjunción de innovación y un mayor número de consumidores es la clave del incremento en valor de los mercados.

El perfume o el producto cosmético son productos que formarán parte de la vida de las personas como un factor importante y característico de su estilo de vida y personalidad, siendo una pieza clave la identificación y satisfacción de los clientes para conseguir una gran fidelización. Por ello, en el proceso de planificación de su oferta, los responsables de comercialización deben tener en cuenta y definir cuidadosamente cinco dimensiones o niveles del producto. Cada una de estas dimensiones irá añadiendo más valor y calidad a dicho producto para el consumidor y, en conjunto, constituyen la jerarquía de valor para el cliente.

La primera dimensión y aspecto más importante del producto en sí es lo que podríamos denominar como *beneficio básico sustancial*, que es aquel servicio o beneficio que realmente le interesa adquirir al cliente, la esencia, la textura del producto.

En el segundo nivel es en el que los responsables en marketing deben convertir ese beneficio básico en un producto genérico que cubra la necesidad del cliente. En esta situación, la necesidad de un buen aroma u olor agradable o una buena textura se convierte en el producto en sí.

La tercera dimensión la denominamos de *producto esperado* y consiste en un conjunto de atributos y condiciones que los compradores habitualmente esperan y con los que están de acuerdo cuando compran el producto. En un cosmético o perfume, estos atributos se concentran en la efectividad, comodidad tanto del envase como del tamaño, manejo, transporte y facilidad de compra.

En el cuarto nivel, los responsables comerciales configuran lo que se denomina el *producto aumentado*, es decir, aquel que sobrepasa las expectativas de los clientes y que incorpora una serie de beneficios y servicios que distingue la oferta de una empresa de la del resto de sus competidores. En resumen, estas cualidades entrarían dentro del llamado *diseño de producto*, como factor más relevante del producto aumentado e incluso del producto, pero también el diseño del envase o embalaje, diseño de logotipos y el diseño de la publicidad.

Esta dimensión es la más importante por ser la clave de diferenciación frente a los rivales del sector, suponiendo un buen diseño del producto una gran ventaja competitiva continua en todos los sentidos.

Por último, en la quinta dimensión, denominada de *producto potencial*, tenemos todos los factores que tienen un poder factible de atraer y mantener clientes, mediante la confianza de estos en que el producto proporcionará satisfacción a todas sus necesidades futuras y expectativas.

Los consumidores esperan que más allá de las características físicas del producto puedan encontrar un símbolo de personalidad genuina que los distinga del resto de la sociedad y que el producto siga un proceso de renovación para adaptarse a su estilo de vida. El producto es valorado en función del conjunto de atributos o características que presenta y, así, el consumidor establece una percepción de la imagen del producto respecto a estos atributos. En la medida en que la percepción y la realidad no coincidan, con un efecto desfavorable, corresponderá a los responsables de la comunicación comercial en la empresa rectificar estos aspectos negativos y mejorar los atributos del producto para lograr la posición competitiva deseada.

Una vez analizadas las dimensiones del producto, se van a aplicar a un producto concreto: L'Oréal Revitalift Laser X3.

El beneficio básico de L'Oréal Revitalift Laser X3 es proporcionar un tratamiento antienvejecimiento intensivo que reduce arrugas, reafirma la piel y mejora su textura.

FIGURA 6.1
IMAGEN DE PRODUCTO REVITALIFT LASER X3

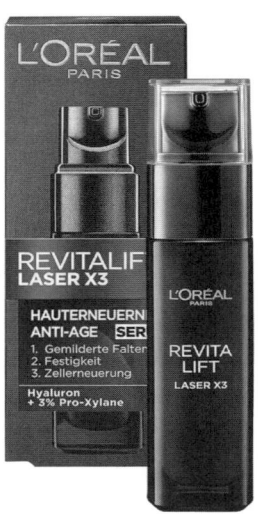

Fuente: loreal-paris.es

- *Producto genérico.* Crema antiedad con ingredientes clave: ácido hialurónico, Pro-Xylane, en tarro de 50 ml.

- *Producto esperado.* Reducción visible de las arrugas y líneas de expresión. Crema de fácil absorción, adecuada para uso diario. Proporciona hidratación profunda para una piel más suave y tersa.

- *Producto aumentado.* Formulado con tecnologías avanzadas y respaldado por estudios clínicos. Diseño del envase que refleja la calidad y exclusividad del producto.

- *Producto potencial.* Introducción de nuevas variantes con diferentes concentraciones de ingredientes activos. Extensión de la línea con *sérums*, tratamientos nocturnos y mascarillas. Mejoras en los envases con materiales reciclables y producción sostenible.

L'Oréal Revitalift Laser X3 es un producto bien posicionado en el mercado antienvejecimiento, y ofrece un tratamiento eficaz respaldado por la investigación científica y presentado en un formato atractivo. Su éxito radica en cumplir y superar las expectativas del consumidor a través de beneficios visibles, experiencias agradables y un fuerte apoyo de marketing emocional. La marca puede seguir innovando y adaptándose a las tendencias de sostenibilidad y personalización para mantener su relevancia y atractivo en el mercado.

En cuanto a estrategias de marca, la empresa debe establecer la estrategia que utilizar en la decisión sobre el nombre de marca de su conjunto de líneas de producto como medida diferenciadora de la competencia. Entre estas estrategias se puede resaltar nombres individuales de marca, una misma denominación de marca para todos los productos, denominación de marcas por líneas de productos, marca designada a través del nombre de la empresa junto con el nombre de cada producto individual.

Por ejemplo, los perfumes de Lancôme siguen una estrategia de denominación de marca de nombres individuales de marca, donde cada perfume lleva asignado una marca diferente e individual y, así, aunque el lanzamiento de un nuevo producto es más costoso, ocurre que hay perfumes que se lanzan al mercado y no tienen éxito sin perjuicio de la empresa a la que pertenecen.

Aunque también podemos comprobar que siempre se asocia el nombre de la empresa a los perfumes e incluso a veces viene incluido en el nombre cuando se tiene confianza de que se trata del producto estrella de la casa (Eau de Rochas, Ô de Lancôme) y hay casas que designan a todos los perfumes con su marca debido a su reconocido prestigio (Chanel). De esta forma, el nombre de marca general o de la empresa otorga legitimidad y confianza al cliente, sobre todo en el caso de nuevos productos.

Una vez que la empresa ha tomado la decisión sobre la estrategia de marca que va a llevar a cabo en su línea de productos, debe seleccionar el nombre de cada producto dentro del mercado antes de su lanzamiento. Para la selección del nombre definitivo del producto, la empresa puede optar por elegir el nombre de una persona (Massimo Dutti, Hugo Boss), de un lugar (Roma de Laura Biagiotti, Paris de Yves Saint Laurent), de una cualidad (Obsession, Egoiste), de un estilo de vida

(Classique de Jean Paul Gaultier, Harley Davison) o un nombre inventado (CK One, 212 Ice de Carolina Herrera). Entre las cualidades deseables para la designación de marca pueden citarse las siguientes: inequívoco, legible, diferenciado, evocador, sugestivo y audible.

Por tanto, el nombre de una marca debe ser cuidadosamente tratado para que no se degrade. Esto requiere mantener o mejorar el reconocimiento de la marca, la percepción de la calidad y su funcionalidad, así como otras posibles asociaciones. Estas metas requieren una continua inversión en investigación y desarrollo, buena publicidad y una excelente negociación y servicio al consumidor.

El *branding* en la industria cosmética es esencial para diferenciar productos en un mercado altamente competitivo.

Aquí se analizan varios tipos de *branding* empleados por marcas de cosméticos.

MAC Cosmetics es una marca de cosméticos altamente reconocida que ha logrado diferenciarse en el competitivo mercado de la belleza a través de una estrategia de *branding* efectiva y bien definida. MAC se posiciona como una marca profesional de alta calidad, utilizada y recomendada por maquilladores y artistas de renombre mundial. Sus productos son conocidos por su durabilidad, pigmentación intensa y variedad, aspectos que refuerzan su reputación profesional. El logo de MAC es simple y elegante, compuesto por las letras «M·A·C» en una fuente *sans-serif*. El uso del punto intermedio en el logo ayuda a diferenciar la marca y añade un toque moderno. La tipografía utilizada en sus comunicaciones es limpia y minimalista, lo que refleja profesionalismo y modernidad.

FIGURA 6.2
LOGO DE MAC

Fuente: maccosmetics.es

Predominan los colores negros, blanco y plata, lo que proporciona una apariencia sofisticada y atemporal.

El uso de colores vivos en algunos productos y campañas añade dinamismo y atractivo visual.

Los envases de los productos son minimalistas, generalmente en negro con detalles en blanco, enfatizando la elegancia y profesionalidad.

Otro ejemplo que se va a analizar es:

El logo de Lancôme es clásico y elegante, con una tipografía *serif* que evoca lujo y tradición. La rosa, símbolo icónico de la marca, refuerza la asociación con la belleza y la feminidad. Usa fuentes elegantes y sofisticadas que reflejan su posicionamiento *premium*. La paleta de colores incluye tonos dorados, negros y blancos, que transmiten lujo, pureza y sofisticación. Se utilizan toques de color en empaques y productos para resaltar su atractivo visual. Los envases de los productos son sofisticados y de alta calidad, a menudo con detalles dorados y acabados brillantes. Los diseños no solo son atractivos, sino que también son innovadores, facilitando una experiencia de usuario *premium*.

FIGURA 6.3
LOGO DE LANCÔME

Fuente: lancome.es

Dentro del tema de producto, además de la marca no se puede olvidar la importancia que tiene el envase. El envase es el recipiente, caja o envoltura que por diversas razones acompaña al producto en su presentación y venta. En algunos casos adquiere gran importancia y su coste puede superar incluso al del propio producto, como sucede en algunos artículos de cosmética y perfumería.

En algunos casos su función es solo la de contener, envolver o proteger el producto, pero, cada vez más, se emplea también el envase como un instrumento de diferenciación del producto y de promoción, utilizando tipografías, gráficos y colores que estimulan la adquisición del producto.

El diseño del envase es un aspecto cada vez más importante, y debe ser renovado cuando sus efectos promocionales disminuyan o cuando aparezcan materiales mejores (más resistentes, ligeros, prácticos o atractivos).

Muchas empresas utilizan el envase para posicionarse, para obtener ventaja competitiva: es el llamado *packaging*.

A continuación, este estudio se va a centrar en el *packaging* o envasado de los productos de cosmética.

Para cada categoría se irán desgranando las características de algunos envases de marcas conocidas para el público en general.

Colonias y perfumes

En el mercado de los perfumes es especialmente importante el envase, puesto que es lo único que a primera vista el consumidor aprecia. A pesar de que normalmente existen probadores o muestrarios de cada producto, lo más normal es que la capacidad olfativa de las personas no sea tan alta como para distinguir un producto de otro y menos en los establecimientos o secciones de cosmética, donde la mezcla de olores similares es tan fuerte. Por ello los envases son estos productos reclamos clave para los consumidores, puesto que al menos han de fijarse en ellos para después examinar su olor. Es uno de los subsectores más prolíferos en inversiones sobre *packaging* y marketing de imagen.

La diversidad de formas de los envases en este subsector de la perfumería femenina es inmensa. Podemos diferenciar entre una y otra marca por la mayor parte de los atributos: formas, tamaños, colores, transparencias, etc.

A continuación, se va a hacer una comparativa de 3 envases de perfumes.

- Chanel N.º 5 apuesta por la simplicidad y elegancia atemporal.

- Paco Rabanne 1 Million utiliza un diseño llamativo y robusto que evoca lujo y éxito.

- Carolina Herrera Good Girl destaca por su innovador y glamuroso diseño en forma de zapato.

FIGURA 6.4
PERFUMES DE MARCAS LUJO

Fuente: douglas.es

Estos elementos de tamaño, color y forma no solo protegen el perfume, sino que también comunican el posicionamiento de la marca y apelan a las emociones y aspiraciones de los consumidores.

CREMAS ANTIEDAD

- Lancôme Rénergie Multi-Lift: utiliza colores púrpura y plateado para transmitir sofisticación y eficacia, con una forma redondeada que sugiere calidad.

- Estée Lauder Revitalizing Supreme+: el dorado y la forma cilíndrica compacta transmiten lujo y exclusividad.

- L'Oréal Paris Revitalift: diseño minimalista en rojo y blanco, que sugiere eficacia y modernidad.

- Olay Regenerist: usa rojo oscuro y detalles plateados para reflejar lujo y calidad, con una forma ergonómica para mayor comodidad.

FIGURA 6.5
CREMAS ANTIEDAD

Fuente: douglas.es

ESPUMAS DE AFEITAR

Los cuatro envases responden a las necesidades del producto que contienen, espuma de afeitar. Debido a la naturaleza del producto, el envase es metálico y cilíndrico. El modo de empleo del producto condiciona el envase; así en la parte superior el difusor se protege con un tapón de plástico, en algunos casos es transparente y en otros con los colores de la marca.

- Gillette Foamy: diseño clásico en blanco, azul y rojo, que sugiere confiabilidad y accesibilidad.

- Nivea Men Sensitive: colores frescos y diseño estilizado que transmiten cuidado y comodidad.

- Barbasol: diseño retro en azul oscuro, blanco y rojo, que evocan tradición y durabilidad.

- Proraso: envase verde oscuro con detalles *vintage* que sugieren autenticidad y calidad.

FIGURA 6.6
ESPUMAS DE AFEITAR

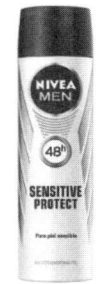

Fuente: douglas.es

GELES DE DUCHA

La categoría de gel se caracteriza por usar envases grandes y de plástico, con un diseño sencillo. Existe una amplia variedad de estilos, acorde con el precio, el público al que está dirigido…

- Dove Deep Moisture: diseño ergonómico y colores que sugieren pureza y lujo.

- Nivea Care & Orange: colores frescos y energéticos con un diseño compacto.

- Palmolive Aroma Therapy: envase translúcido y tonos relajantes que sugieren una experiencia de *spa*.

- Aveeno Daily Moisturizing: diseño robusto y natural con un dispensador práctico.

FIGURA 6.7
GELES DE DUCHA

Fuente: douglas.es

6.2. COSMÉTICA Y PRECIO

En primer lugar, es importante destacar el papel del factor precio dentro del comportamiento del consumidor en relación con las políticas de marketing.

El precio es el valor de intercambio de los productos. Sin embargo, este valor puede estar afectado por algunas variables psicológicas que determinan cuál va a ser el precio que está dispuesto a pagar el consumidor, que a su vez puede ser muy diferente al precio que puede establecerse en función de los costes de producción.

En algunas ocasiones, el precio puede ser la única característica visible del producto, y, generalmente, se considera que un producto caro tendrá mayor calidad que otro similar con un precio inferior. En el caso de los productos que son utilizados como símbolo de estatus, si experimentan una reducción en su precio para hacerlo más accesible, pueden perder valor en términos de aceptación del objeto para el que fueron diseñados.

Existen tácticas del marketing como el muy utilizado precio «0,99 €» y las ofertas del tipo «2 x 1». En el primer caso, el consumidor lee el precio y le hace pensar que ni siquiera llega a 1 euro, cuando en realidad la diferencia es mínima, prácticamente inapreciable. De esta manera el consumidor se siente más atraído por el precio que si pusiese «1 €». En el caso de las ofertas del tipo «llévese 2 y pague 1», el consumidor también percibe que el producto saldrá mucho más barato, y de este modo los vendedores de los productos hacen que sus clientes compren dos cuando en realidad solo pensaban llevarse uno.

El sector en el que estamos trabajando incluye productos como colonias y perfumes, productos del cuidado de la piel, del cabello, desodorantes, productos de afeitado, de maquillaje, protectores solares, etc.

Dentro de estos productos, podríamos distinguir entre los de gama alta y los de gama media/baja, basando esta distinción en el precio. El motivo de esta división se debe a la forma de anunciarse de los distintos productos.

Los productos de este sector que pertenecen a la gama alta son productos cuyo precio es elevado, y en muchas ocasiones la confianza al consumidor se ofrece a través de una marca.

Cuando este es el caso, la propia marca le da al consumidor la información que necesita, omitiendo la información sobre el precio, ya que son otros los factores que llevan al consumidor a comprar el producto. En este tipo de productos, lo que lleva al consumidor a comprar un producto u otro no es el precio en la mayoría de los casos, sino la calidad. Por esta razón, a la hora de anunciar estos productos, se le da más importancia a las características del producto, y a sus componentes, que al precio que ofrezcan, ya que la seguridad de calidad del producto los consumidores la adquieren por medio de otra información que no es el precio. Así pues, en la mayoría de los anuncios de este tipo el precio no aparece ni a lo largo del anuncio de televisión ni en redes sociales.

Cuando se trata de productos de gama más baja, cuyo precio ya no es tan elevado, sí que su precio forma parte de esa información que requieren los consumidores a la hora de elegir entre varios productos de características similares. Este es el caso, por ejemplo, de productos como un champú o una pasta dentífrica. En los anuncios de este tipo de productos, el precio sí que aparece de una forma visible, como rasgo diferenciador.

No hay que olvidar dentro del tema del precio las siguientes figuras, tan presentes en este sector:

OFERTAS

El descuento aleatorio u oferta consiste en una reducción del precio en un tiempo o lugar determinados, sin previo conocimiento del cliente. Su finalidad es atraer nuevos clientes. Las ofertas pueden consistir en descuentos directos sobre el precio, suministro de unidades adicionales por el mismo precio, entrega de una unidad adicional (ofertas tipo 2x1), cupones, vales de descuento…

Por ejemplo, se puede observar a continuación que algunas tiendas como Body Shop ofrecen a sus clientes ofertas especiales que van acompañadas de cupones descuento.

FIGURA 6.8
POST DE DESCUENTO DE THE BODY SHOP

Fuente: @thebodyshop en Instagram.com

Otras marcas, lo que hacen es incluir en sus paquetes unidades adicionales, pero mantienen el mismo precio de venta.

FIGURA 6.9
IMAGEN DE PRODUCTO PARODONTAX

Fuente: carrefour.es

Otro tipo de ofertas que podemos encontrar, normalmente en los grandes hipermercados, es la de «lleve tres y pague solo dos».

FIGURA 6.10
BANNER PUBLICITARIO PROMOCIONAL CARREFOUR

Fuente: carrefour.es

Otras marcas también utilizan la promoción de «dos por uno», pero para poder beneficiarte de esta oferta debes presentar una tarjeta que te identifique como cliente habitual.

Este tipo de tarjetas te las hacen en el momento en el establecimiento y no suelen suponer un coste para el cliente. Podemos observar un ejemplo en la Figura 6.11.

FIGURA 6.11
BANNER PUBLICITARIO PROMOCIONAL CLUB CARREFOUR

Fuente: carrefour.es

REBAJAS

Estos descuentos periódicos sí que son conocidos con anterioridad por el consumidor y son prácticamente habituales en tiendas físicas u *online*. Su finalidad es atraer a clientes con distinta elasticidad de la demanda.

FIGURA 6.12
VENTANA EMERGENTE DESCUENTO
PROMOCIONAL FRESHLY

Fuente: freshlycosmetics.com

En el sector del cuidado personal no son tan frecuentes las rebajas como en otros sectores, tales como el textil, con sus propios periodos de rebajas ya establecidos tradicionalmente.

PROMOCIONES

Este término está más bien referido a los gastos publicitarios para promocionar los diferentes productos, estén o no ofertados o rebajados, pero nosotros incluiremos en este apartado los productos que vienen con regalo o te proporcionan una ventaja diferente a la propia adquisición del producto.

Se pueden encontrar numerosos ejemplos de marcas que ofrecen este tipo de promociones, ya sea regalando productos complementarios al adquirido o cosas tan distintas como puede ser el regalo de un paraguas con unas maquinillas de afeitar o de recargas de móvil con los tintes.

Otro tipo de promoción cosiste en organizar concursos en los que el premio es un lote de productos. Normalmente, para participar en estos concursos lo único que hay que hacer es rellenar un sencillo cuestionario, ya sea sobre hábitos de compra o sobre otros temas.

FIGURA 6.13
IMAGEN DE LA CESTA DE LA COMPRA DE MAC COSMETICS

Fuente: maccosmetics.es

Las promociones también se pueden llevar a cabo con cupones descuento. Los cupones de descuento incentivan a los consumidores a realizar compras, especialmente en productos que de otra manera podrían considerar un lujo. Los cupones pueden atraer a nuevos clientes que no han probado la marca anteriormente.

6.3. COSMÉTICA Y DISTRIBUCIÓN

La distribución es el instrumento de marketing que relaciona la producción con el consumo. Su misión es poner el producto a disposición del consumidor final en la cantidad demandada, en el momento en que lo necesite y en el lugar donde desea adquirirlo (utilidad de tiempo, lugar y posesión). Además, desde el punto de vista del marketing, la distribución implica también llevar a cabo una serie de actividades de información, promoción y presentación del producto en el punto de venta a fin de estimular su adquisición.

Hay muchas maneras de distribuir un producto. Las principales diferencias observadas entre los distintos tipos de canales corresponden al número de intermediarios por los que pasa el producto. Si el número de intermediarios es elevado, se trata de un canal largo. Un canal corto es el que tiene un número de intermediarios reducido. El caso extremo es el canal directo, en el que no hay intermediarios entre el productor y el consumidor.

El canal largo, en el que como mínimo intervienen el fabricante, mayorista, detallista y consumidor, es el típico de un buen número de productos de consumo, especialmente de compra frecuente, como pueden ser algunos productos de droguería. El canal directo, sin intermediarios, no es el más corriente en productos de consumo, aunque MaryKay utiliza este canal de distribución para sus productos cosméticos. La creciente expansión de Internet y del comercio electrónico está facilitando una mayor utilización del canal directo.

Hay tres sistemas de distribución: distribución intensiva, selectiva y exclusiva.

Si seguimos una estrategia de **distribución intensiva**, intentamos que nuestro producto esté en todos los puntos posibles de venta. En esta estrategia, la empresa trata de impulsar las ventas facilitando al consumidor un punto de compra cercano; es una estrategia propia de productos de compra corriente, de baja implicación. Este sistema es propio de autoservicios, supermercados e hipermercados. Por ejemplo, Mercadona, Carrefour, Lidl, Hipercor.

En Mercadona, Alcampo y Carrefour podemos encontrar un amplio surtido de productos, cada uno en una sección y separadas estas por un lineal que permite distinguirlas claramente. Los productos están expuestos al público en cada lineal.

En la **distribución selectiva** seleccionamos los mejores puntos de venta para el producto en cada zona. Esta estrategia permite diferenciarnos al situar nuestro producto en sitios seleccionados e implica el cumplimiento de unos requisitos por parte del distribuidor. Suele utilizarse en productos de compra meditada y no muy frecuente, como es el caso de los perfumes. Por ejemplo, no en todas las tiendas de la cadena Primor están disponibles todas las marcas de gama alta. En los departamentos alquilados de El Corte Inglés ocurre lo mismo, dependiendo de las ciudades o las zonas encontramos unas marcas y no otras. Algunos factores determinantes son el gusto del consumidor, sus necesidades y los recursos, que hacen que la demanda no sea la misma en todas las tiendas.

La estrategia de **distribución exclusiva** es la forma extrema de la distribución selectiva. En un determinado territorio, un solo distribuidor recibe el derecho exclusivo de vender la marca y se compromete a no vender marcas de la competencia. Se da en productos que requieren un esfuerzo elevado de ventas para el distribuidor. Este es el caso de las franquicias, como son Body Shop, NYX, Mac, etc.

Como hemos visto anteriormente, el sector de perfumería y cosméticos aprovecha todos los tipos de canales de comercialización para la distribución de sus productos: hipermercados, droguerías, farmacias, salones de belleza e incluso los domicilios particulares. La distribución de este tipo de productos exige rapidez y efectividad, flexibilidad, buena presentación y personalización. A continuación, analizamos algunos ejemplos destacados de marcas y empresas del sector de droguería y perfumería.

Las marcas blancas han visto un crecimiento significativo en su cuota de mercado en la industria cosmética, especialmente en tiempos de crisis económica, donde los consumidores buscan alternativas más asequibles.

La percepción de calidad de las marcas blancas ha mejorado, lo que ha llevado a una mayor aceptación y fidelización.

Las marcas blancas en cosmética han experimentado un crecimiento anual en ventas, con un incremento significativo en su participación de mercado. En algunos países europeos, las marcas blancas pueden representar hasta el 20-30% del mercado de cosméticos.

Dentro de las marcas blancas con mayor presencia se encuentran:

- Cien de Lidl

FIGURA 6.14
PRODUCTOS MARCA CIEN DE LIDL

Fuente: lidl.es

- Deliplus de Mercadona

Las marcas blancas invierten en mejorar la calidad y ampliar la variedad de productos para competir con las marcas establecidas.

FIGURA 6.15
GELES DE BAÑO DE LA MARCA DELIPLUS

Fuente: mercadona.es

Las marcas blancas han logrado consolidarse en el mercado de la cosmética mediante estrategias de precio competitivo, mejora continua de la calidad y una distribución efectiva. Han ganado la confianza del consumidor y una cuota de mercado significativa, demostrando que pueden competir con las marcas tradicionales en términos de calidad y valor.

EXPERIENCIA DE CLIENTE, CUSTOMER EXPERIENCE

La experiencia del cliente se refiere a la percepción global que tiene un consumidor sobre una marca basada en todas las interacciones a lo largo del proceso de compra. En el contexto de los cosméticos, esta experiencia abarca desde la investigación y selección del producto hasta la compra y uso posterior.

Ejemplos de marcas que se basan en mejorar constantemente la experiencia de cliente son:

- Sephora. Uso de aplicaciones de realidad aumentada para probar maquillaje en línea. Asimismo, el programa de Beauty Insider ofrece descuentos, regalos de cumpleaños y acceso a eventos exclusivos.

FIGURA 6.16
IMAGEN BEAUTY INSIDER DE SEPHORA

Fuente: Aguilar, A. (2017)

- Glossier. Compromiso activo con los clientes en Instagram y otras plataformas, respondiendo preguntas y compartiendo contenido generado por usuarios. Y la experiencia de *unboxing* pensada para ser compartida en redes sociales.

FIGURA 6.17
UNBOXING DE LA MARCA GLOSSIER

Fuente: @shippingthings en youtube.com

ECOMMERCE

La distribución de productos a través de Internet se ha intensificado mucho en los últimos años, aunque aún no se llega al número de transacciones que se producen en los comercios tradicionales. El sector cosmético *online* ha crecido exponencialmente, impulsado por la pandemia. Las ventas *online* de cosméticos aumentaron en un 40% durante 2023. El *ecommerce* representa aproximadamente el 15-20% de las ventas totales de cosméticos en España en 2023.

La principal ventaja de comprar a través de Internet es la comodidad, ya que desde nuestra casa podemos elegir el producto y los descuentos, ya que el precio es más bajo que el del mercado y esto puede ser atractivo a la hora de adquirir un perfume de marca. Los consumidores pueden comprar productos en cualquier momento del día, lo que mejora la accesibilidad y conveniencia Suelen ofrecer una mayor variedad de productos que las tiendas físicas, lo que permite a los consumidores encontrar productos específicos y comparar precios fácilmente.

Las plataformas de *ecommerce* utilizan algoritmos de recomendación para sugerir productos basados en las preferencias y comportamientos de compra del usuario. También herramientas de realidad aumentada que permiten a los consumidores probar productos virtualmente, mejorando la experiencia de compra.

Algunas de las principales plataformas de compra *online* de cosmética son:

FIGURA 6.18
PÁGINA WEB DE FRESHLY COSMETICS

Fuente: freshlycosmetics.com

FIGURA 6.19
PÁGINA WEB DE LANCÔME

Fuente: lancome.es

Las páginas web se diseñan para ser accesibles y funcionales en cualquier dispositivo, mejorando la experiencia del usuario. La velocidad de carga cada día es mayor para mejorar la retención de visitantes. El diseño es más claro y la navegación fácil para favorecer la búsqueda de información y la compra de productos. Los contenidos están más personalizados, basados en el comportamiento y preferencias del usuario. Se utilizan fotos muy atractivas y de gran calidad. Y la navegación es mucho más intuitiva.

Los cambios en las páginas web, junto con estrategias de *inbound marketing*, marketing de contenidos y *storytelling*, son básicos para conectar con los consumidores de hoy. Estas estrategias no solo mejoran la visibilidad y el tráfico, sino que también crean relaciones duraderas y significativas con los clientes, aumentando la lealtad y las conversiones.

6.4. COSMÉTICA Y PUBLICIDAD

La publicidad es fundamental en la industria cosmética porque:

- *Crea conexión emocional*. Ayuda a establecer una conexión emocional con los consumidores, resaltando cómo los productos pueden mejorar su apariencia y confianza.

- *Construye identidad de marca*. Diferencia la marca en un mercado competitivo, estableciendo su identidad y valores únicos.

- *Informa y educa*. Presenta las innovaciones, beneficios y usos de los productos, educando a los consumidores y ayudándolos a tomar decisiones informadas.

La publicidad se ha convertido en un elemento totalmente intrusivo y omnipresente hoy en día. Hay pocos lugares en el entorno social cercano a las personas que no estén impregnados de indicaciones para comprar un determinado producto o servicio.

En realidad, no podemos separar el contenido informativo y el persuasivo de la publicidad. Esta es información persuasiva o persuasión informativa, si bien hay anuncios con un mayor componente informativo que persuasivo y viceversa.

La publicidad consiste en aquellas actividades dedicadas a informar e influir en los consumidores o compradores potenciales para comprar los productos o servicios ofrecidos por el anunciante. Trata de persuadir e influir al colectivo al que se dirige. La compra se puede orientar gracias a la publicidad.

Según la mayoría de los autores, el objetivo primordial de la publicidad será que nuestro producto aparezca en la *short list* (que podríamos traducirlo por lista breve), que es aquella relación de marcas que primero nos vienen a la cabeza como preferidas, fiables o mejores cuando nos disponemos a comprar un producto determinado.

Por lo tanto, la información que transmite la publicidad no es neutra ni puramente descriptiva porque está orientada a producir un determinado efecto: el de persuadir al consumidor.

La comunicación publicitaria es una información persuasiva que se debe basar en las motivaciones del destinatario de esta.

La publicidad moderna no solo subraya las ventajas del producto, sino también los beneficios que al adquirirlo obtendrán sus consumidores. Así pues, el publicista no vende cosméticos, sino que brinda belleza.

Las múltiples técnicas de persuasión dependen del ingenio de su artífice y solo están limitadas por los medios de comunicación, algunas restricciones legales y el código deontológico elaborado al efecto por las propias agencias de publicidad. Una de las técnicas elementales, utilizada desde la aparición de la publicidad, se basa en la repetición del mensaje. Es frecuente encontrar el mismo anuncio que se puede ver o escuchar en la televisión y la radio, en periódicos y revistas, tanto locales como nacionales e internacionales, además de aparecer en vallas publicitarias, folletos o a la entrada de las tiendas.

No hay que olvidar que es preciso determinar con toda claridad qué es lo que se pretende conseguir con una campaña publicitaria. Así, hay que tener presente que la publicidad no tiene efectos inmediatos, sino que son retardados. La finalidad de la publicidad es lograr un objetivo que se compagine con las metas de la empresa. Los objetivos de comunicación deben estar al servicio de los objetivos de marketing. La publicidad permite INFORMAR, PERSUADIR y RECORDAR, todo ello para finalmente alcanzar un objetivo comercial vinculado a las ventas o al beneficio.

En el sector que estamos analizando es muy importante:

- *Desarrollar una publicidad creativa*. El predominio en los anuncios de perfumes y cosméticos son las ideas de sensualidad, provocación y romanticismo. También muchos cosméticos y perfumes utilizan como atributo predominante el lujo y la ostentación, con el empleo de metales preciosos, joyas, colores dorados o plateados.

- *Patrocinar grandes eventos.* Un perfume o cosmético puede ser patrocinador de concursos y premios de belleza, desfiles y reconocimiento a diseñadores como forma de reconocimiento y prestigio de la marca de una forma más subliminal.

- *Participación de los consumidores.* A través de su página web, el cliente puede ponerse en contacto con la empresa, realizar consultas, comprar productos y obtener información.

- *Crear tiendas propias.* Poseer establecimientos propios en las ciudades importantes para que el consumidor encuentre todos sus productos en conjunto con todas las garantías de obtención.

- *Ofrecer apoyo visible a causas benéficas.* La última tendencia de ética y conciencia social de la población ofrece esta posibilidad como forma de patrocinio, destinando parte de las ganancias o incluso todas las de un producto de la línea a causas humanitarias o a través de la organización de eventos benéficos.

- *Ser conocido como líder en la ecuación calidad/precio.* En el fondo, la cualidad más reconocida de un buen comprador es la eficiencia de su elección, y su objetivo final será la obtención de mayores prestaciones con el mínimo coste posible.

- Crear un personaje o símbolo que represente a la empresa.

Mediante estas estrategias las empresas de cosméticos y perfumes conseguirán mantener y mejorar el reconocimiento del nombre de marca de sus productos, consiguiendo de esta forma una gran fidelización de sus clientes, numerosas ventajas competitivas y una fuerte posición en el mercado, con su correspondiente reflejo en el prestigio y la obtención de resultados.

A continuación, se van a analizar algunas campañas que han tenido gran impacto.

---

1. RÍMEL MAYBELLINE

La campaña de rímel de Maybelline está diseñada para posicionar sus productos como esenciales para lograr pestañas voluminosas, largas y bien definidas. Se enfoca en destacar la calidad y efectividad del rímel, apelando tanto a consumidores jóvenes como a adultos. La campaña de rímel de Maybelline busca crear una conexión emocional profunda con los consumidores, enfocándose en temas de empoderamiento, autenticidad y autoexpresión. El objetivo es que las mujeres se sientan más seguras y hermosas usando el rímel de Maybelline.

FIGURA 6.20
ACCIÓN *STREET MARKETING* MAYBELLINE

Fuente: abc.es

Como resultados, esta campaña ha conseguido:

- Aumento en ventas: la campaña ha llevado a un incremento significativo en las ventas de rímel, consolidando la posición de Maybelline en el mercado de productos de maquillaje para ojos.

- *Engagement* y *fidelización*: alta participación de los consumidores en redes sociales y una creciente comunidad de usuarios fieles a la marca.

- Reconocimiento de marca: fortalecimiento del reconocimiento de Maybelline como líder en innovación y calidad en productos de maquillaje.

La campaña de rímel de Maybelline es un ejemplo exitoso de cómo combinar estrategias de marketing digital, publicidad audiovisual y experiencia en tienda para maximizar el alcance y la efectividad de una campaña de productos cosméticos. La colaboración con *influencers* y el enfoque en la innovación del producto han sido clave para su éxito.

2. LABIAL DE L'ORÉAL

Esta curiosa acción tiene como objetivo promocionar el nuevo lápiz labial líquido de L'Oréal, el Infallible Matte Resistance. Pero en realidad no se trata de un producto gigante, ni siquiera de una acción física, sino de una animación con CGI donde un coche *vintage* arrastra el labial por las calles de la ciudad labial, creando un rastro de pigmento a medida que avanza.

FIGURA 6.21
ACCIÓN *STREET MARKETING* L'ORÉAL INFALLIBLE
MATTE RESISTANCE

Fuente: marketingdirecto.com

De esta forma, la marca invita a sus seguidores a abrocharse el cinturón y apostar por un *look* audaz, gracias a las hasta 16 horas de resistencia sin transferencias que ofrece esta nueva gama de productos. «Porque la vida es impredecible, pero tu lápiz labial no debería serlo».

La campaña busca captar la atención y comunicar efectivamente los beneficios del producto mediante un uso impactante de elementos visuales. La estética visual está diseñada para ser atractiva, moderna y aspiracional.

El objetivo informativo de la campaña es comunicar las características y beneficios del producto Infallible Matte Resistance. Se detalla la fórmula resistente a la transferencia, la larga duración (hasta 16 horas) y el acabado mate del producto.

La campaña también busca persuadir a los consumidores para que elijan Infallible Matte Resistance sobre otras opciones.

Y a través de tal impacto visual consigue mantener el producto en la mente de los consumidores.

3. ESTÉE LAUDER

Estée Lauder te invita a descubrir tu maquillaje de base Double Wear en un *pop-up* tecnológico.

El *pop-up* consta de un set de maquillaje y un set de fotografía atendido por profesionales y representantes de la marca que se encargan de asesorar al público para elegir la mejor base Double Wear en función de su tono de piel. Una vez maquilladas, las personas que lo deseen pueden hacerse unas fotografías y compartirlas en redes sociales con el *hashtag* #ConfianzaDoubleWear.

El toque tecnológico de esta acción consiste precisamente en la proyección de las fotografías en tiempo real y con información dinámica en las pantallas LED colocadas en el exterior de la instalación, los mupis y las marquesinas digitales.

Instalar este *pop-up* para probar los productos cosméticos ofrece varios beneficios estratégicos y operativos para Estée Lauder. A continuación, se detallan algunos de los principales beneficios:

- *Generación de expectativa y emoción*. Al ser un evento temporal, puede atraer a una audiencia curiosa y entusiasta.

- *Experiencia de marca inmersiva*. Los *pop-ups* permiten crear un entorno controlado y diseñado específicamente para reflejar la identidad de la marca. Esto proporciona una experiencia de marca inmersiva que puede ser mucho más efectiva que otros métodos de marketing tradicionales.

FIGURA 6.22
IMAGEN *POP UP* DE ESTÉE LAUDER

Fuente: controlpublicidad.com

- *Interacción directa con el consumidor.* Un *pop-up* brinda la oportunidad de interactuar cara a cara con los consumidores. Esto permite a la marca recoger *feedback* directo, entender mejor las necesidades y preferencias del cliente y establecer una relación más personal y auténtica.

- *Pruebas de producto en vivo.* Ofrece la posibilidad de probar el producto cosmético en el sitio, lo que permite a los consumidores experimentar los beneficios del producto de primera mano. Las demostraciones en vivo pueden ser mucho más convincentes que las descripciones o imágenes, incrementando las probabilidades de compra.

- *Incremento de la visibilidad de la marca.* Los *pop-ups*, especialmente si se ubican en lugares estratégicos en zonas de alto tráfico, aumentan significativamente la visibilidad de la marca. Esto puede atraer tanto a clientes existentes como a nuevos consumidores.

- *Recopilación de datos y feedback.* La marca puede recopilar datos valiosos. Esta información es crucial para ajustar estrategias de marketing y desarrollo de producto.

- *Aumento de ventas.* Las experiencias positivas y la capacidad de probar productos pueden conducir a un incremento en las ventas tanto durante como después del evento. Los consumidores que tienen una buena experiencia con el producto en un *pop-up* son más propensos a realizar una compra.

> - *Fomento de la lealtad de marca.* Fortalece la lealtad del cliente al proporcionar experiencias únicas y memorables. Los clientes que participan en estos eventos se sienten valorados y más conectados con la marca.
>
> - *Innovación y diferenciación.* Es una manera de mostrar la innovación de la marca y diferenciarse de la competencia.
>
> En resumen, esta campaña ofrece una combinación de beneficios que pueden impulsar la visibilidad de la marca, mejorar la experiencia del cliente y aumentar las ventas, todo mientras recopilan datos valiosos para futuras estrategias de marketing.

6.5. COSMÉTICA E IA

La inteligencia artificial (IA) está revolucionando la industria cosmética, proporcionando innovaciones que abarcan desde el desarrollo de productos hasta la experiencia del consumidor. Algunas de las aplicaciones de la IA al sector cosmético serían:

- **Desarrollo de productos**

  - *Formulación personalizada.* La IA permite crear productos personalizados basados en las necesidades individuales de los consumidores. Algoritmos avanzados analizan datos sobre la piel, el cabello y las preferencias de los usuarios para formular productos únicos.

  - *Optimización de ingredientes.* Mediante el análisis de grandes cantidades de datos sobre ingredientes y sus efectos, la IA ayuda a identificar combinaciones óptimas, mejorando la eficacia y la seguridad de los productos.

  - *Análisis de piel y cabello.*

  - *Diagnóstico de la piel.* Herramientas de IA pueden analizar imágenes de la piel para identificar problemas como arrugas, manchas y acné. Aplicaciones móviles y espejos inteligentes proporcionan análisis en tiempo real y recomendaciones de productos.

- *Análisis capilar.* La IA también se utiliza para evaluar el estado del cabello, recomendando productos y tratamientos específicos según la condición del cuero cabelludo y la estructura capilar.

- *Experiencia de compra personalizada.*

- *Asistentes virtuales.* Chatbots y asistentes virtuales, potenciados por IA, pueden proporcionar recomendaciones personalizadas, responder preguntas de los clientes y ayudar en el proceso de compra en línea.

- *Pruebas virtuales.* La realidad aumentada (RA) y la IA permiten a los consumidores probar virtualmente maquillaje y productos de cuidado personal. Aplicaciones como L'Oréal's ModiFace permiten a los usuarios ver cómo se verían con diferentes tonos de maquillaje o colores de cabello.

- *Marketing y tendencias.*

- *Análisis de sentimientos.* La IA puede analizar opiniones y comentarios en redes sociales y otras plataformas para identificar tendencias emergentes y la percepción del consumidor sobre productos específicos.

- *Segmentación del mercado.* Los algoritmos de IA ayudan a segmentar el mercado de manera más precisa, permitiendo campañas de marketing dirigidas y más efectivas.

- *Publicidad.* La IA permite automatizar la creación y gestión de campañas publicitarias, optimizando los anuncios en tiempo real para maximizar el retorno de inversión. La IA ayuda a la generación de contenido, textos, imágenes y vídeos publicitarios, reduciendo el tiempo y los costes asociados con la creación de contenido.

- **Optimización de la cadena de suministro**

  – *Predicción de demanda*. La IA ayuda a prever la demanda de productos, optimizando la producción y reduciendo el desperdicio. Esto asegura que las marcas mantengan un inventario adecuado.

  – *Gestión de inventarios*. Los sistemas de IA gestionan los inventarios en tiempo real, mejorando la eficiencia y reduciendo los costes operativos.

A continuación, se recogen algunas de la aplicaciones de IA en el sector cosmético.

- *L'Oréal*. Asistente virtual ModiFace. Permite a los usuarios probar virtualmente productos de maquillaje y recibir recomendaciones personalizadas, aumentando la interacción y las ventas.

FIGURA 6.23
ASISTENTE VIRTUAL MODIFACE

Fuente: loreal.com/es

- *Sephora*. Chatbot de Facebook Messenger. Proporciona recomendaciones de productos, ofertas especiales y asistencia en la compra, mejorando la experiencia de compra y la satisfacción del cliente.

Figura 6.24
CHATBOT DE SEPHORA

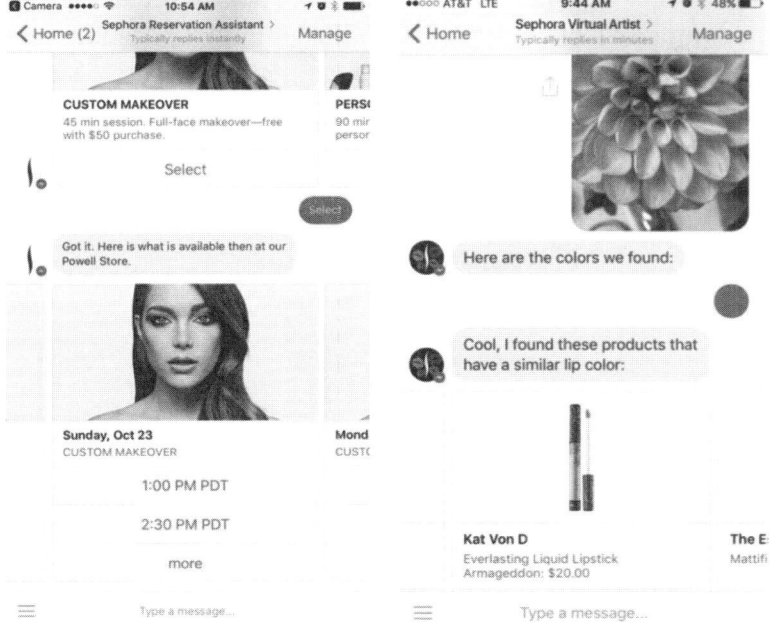

Fuente: chatbotguide.org

- *Olay*. IA para análisis de piel. Utiliza la inteligencia artificial para analizar *selfies* de los usuarios y recomendar productos de cuidado de la piel personalizados.

Figura 6.25
SKIN ADVISOR DE OLAY

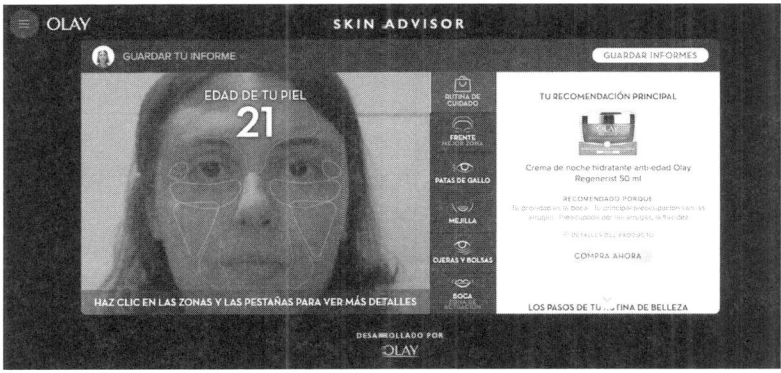

Fuente: olay.es/analisis-de-la-piel

La aplicación de la IA en la cosmética está transformando la industria al ofrecer soluciones personalizadas, mejorar la experiencia del cliente y optimizar las operaciones internas. Las empresas que adoptan estas tecnologías no solo están mejorando sus productos y servicios, sino que también están posicionándose a la vanguardia de la innovación en belleza y cuidado personal.

BIBLIOGRAFÍA

AGUILAR, A. (2017). Realidad aumentada en Sephora. *Thehappening.com*. https://thehappening.com/realidad-aumentada-en-sephora/

Barnes, S. J.; MATTSSON, J. y SØRENSEN, F. (2020). Remember me? Consumer recall of personalized marketing. *Journal of Retailing and Consumer Services, 55*, 102078. HERZ, R. S. (2010). The emotional, cognitive, and biological basics of olfaction: Implications and considerations for scent marketing. *Journal of Advertising Research, 50*(4), 416-432.

EUROMONITOR INTERNATIONAL (2021). *Beauty and Personal Care in the Age of COVID-19*.

GODDARD, E. W. (2021). Ethical branding in the beauty industry. *Journal of Brand Management, 28*(3), 283-298.

IPMARK (2024 a). Cucurella cumplió su promesa de teñirse el pelo rojo con Good Garnier. *Ipmark.com*. https://ipmark.com/cucurella-cumplio-promesa-tenirse-rojo-good-garnier/

– (2024 b). La influencer María Pombo protagoniza la nueva campaña de Clarins. https://ipmark.com/la-influencer-maria-pombo-protagoniza-nueva-campana-clarins/

KIM, J. y KIM, J. (2021). The impact of social media influencers on brand image and purchase intention: The case of cosmetic products in South Korea. *Journal of Business Research, 129*, 569-577.

KOTLER, P.; KARTAJAYA, H. y SETIAWAN, I. (2021). *Marketing 5.0: Technology for Humanity*. Wiley.

MINTEL (2022). *Global Beauty and Personal Care Trends 2022*.

PALMER, A. (2020). *Principles of Marketing*. Oxford University Press.

REVISTA VPC (2019). L'Oréal avanza en su lucha contra el cambio climático para lograr sus objetivos 2020. *Revistavpc.es*. https://www.revistavpc.es/ultimos-lanzamientos/3455-l-oreal-avanza-en-su-lucha-contra-el-cambio-climatico-para-lograr-sus-objetivos-2020.html

RODRÍGUEZ, M. (2021). *Sustainability Marketing in the Beauty Industry: A Study on Consumer Perceptions* (Doctoral dissertation, University of Cambridge). ProQuest Dissertations Publishing.

SCHIFFERSTEIN, H. N. (2016). The role of sensory dominance in product experience. *Food Quality and Preference*, 54, 48-55.

WANG, Y. (2020). *The Influence of Digital Marketing on Consumer Behavior in the Cosmetics Industry* (Master's thesis, University of California, Berkeley). ProQuest Dissertations Publishing.

STANPA (2024). El sector cosmético en España. *Stanpa.com*. https://www.stanpa.com/sector-en-cifras/sector-cosmetico-espana/